Fragmente eines Tabus

Fragmente eines Tabus

Ruth Draths, Eve Stockhammer

Ruth Draths
Eve Stockhammer

Fragmente eines Tabus

Sexueller Missbrauch an Kindern und Jugendlichen –
über den sensiblen Umgang mit Betroffenen

Dr. med. Ruth Draths
Frauenpraxis Buchenhof
Praxis für Mädchen und Frauen
Buchenstrasse 8, 6210 Sursee
ruth.draths@frauenpraxis-buchenhof.ch

Dr. med. Eve Stockhammer
eve.stockhammer@gmail.com; www.eveandart.com

Wichtiger Hinweis: Der Verlag hat gemeinsam mit den Autoren bzw. den Herausgebern große Mühe darauf verwandt, dass alle in diesem Buch enthaltenen Informationen (Programme, Verfahren, Mengen, Dosierungen, Applikationen, Internetlinks etc.) entsprechend dem Wissensstand bei Fertigstellung des Werkes abgedruckt oder in digitaler Form wiedergegeben wurden. Trotz sorgfältiger Manuskriptherstellung und Korrektur des Satzes und der digitalen Produkte können Fehler nicht ganz ausgeschlossen werden. Autoren bzw. Herausgeber und Verlag übernehmen infolgedessen keine Verantwortung und keine daraus folgende oder sonstige Haftung, die auf irgendeine Art aus der Benutzung der in dem Werk enthaltenen Informationen oder Teilen davon entsteht. Geschützte Warennamen (Warenzeichen) werden nicht besonders kenntlich gemacht. Aus dem Fehlen eines solchen Hinweises kann also nicht geschlossen werden, dass es sich um einen freien Warennamen handelt.

Bibliografische Information der Deutschen Nationalbibliothek
Die Deutsche Nationalbibliothek verzeichnet diese Publikation in der Deutschen Nationalbibliografie; detaillierte bibliografische Daten sind im Internet über http://www.dnb.de abrufbar.

Anregungen und Zuschriften bitte an:
Hogrefe AG
Lektorat Psychiatrie
Länggass-Strasse 76
3000 Bern 9
Schweiz
Tel: +41 31 300 45 00
E-Mail: verlag@hogrefe.ch
Internet: http://www.hogrefe.ch

Lektorat: Susanne Ristea
Bearbeitung: Thomas Koch-Albrecht, Münchwald
Herstellung und Satz: Daniel Berger
Umschlagabbildung: „Die Würfel sind gefallen", Eve Stockhammer, Bern
Umschlag: Claude Borer, Riehen
Text: Ruth Draths, Sursee
Bilder (Innenteil): Eve Stockhammer, Bern
Fotografie: Natalie Boo, AURA Fotoagentur, Luzern
Druck und buchbinderische Verarbeitung: AZ Druck und Datentechnik GmbH, Kempten
Printed in Germany

1. Auflage 2017
© 2017 Hogrefe Verlag, Bern
(E-Book-ISBN_PDF 978-3-456-95710-4)
(E-Book-ISBN_EPUB 978-3-456-75710-0)
ISBN 978-3-456-85710-7
http://doi.org/10.1024/ 85710-000

Danksagung

Es ist ein grosse Freude, dass das Buch Fragmente eines Tabus zustande gekommen ist. Viele Personen waren daran beteiligt, viel Unterstützung habe ich bei der Umsetzung erfahren.

Die Idee für das Buch begleitete mich seit vielen Jahren, aber erst im Gespräch mit der Künstlerin Eve Stockhammer nahm die Umsetzung Gestalt an. Es entstand ein intensiver Austausch zwischen Geschichten und Bildern, der mich sehr berührte, dafür bedanke ich mich herzlich.

Die Zusammenarbeit in der Kinderschutzgruppe war bereichernd und hilfreich, ich bedanke mich bei den Mitarbeitern für die Möglichkeit, all die traurigen und belastenden Geschichten mitzuteilen.

Francesca Navratil, meine Lehrerin und Vorbild in der Kindergynäkologie, half uns mit präziser und konstruktiver Kritik. Was für eine Bereicherung, mit ihr zu diskutieren. Danke, Francesca, für dein Engagement und deine Hilfsbereitschaft.

Ein weiterer Dank gilt der Staatsanwaltschaft für die Durchsicht des Manuskrips sowie der Lektorin für die sorgfältige Korrektur.

Die wunderbaren Bilder der Künstlerin wurden von der Fotografin Natalie Boo, AURA, für die digitaler Reproduktion mit grosser Sorgfalt fotografiert. Der grösste Dank geht aber an meine Familie, vor allem an meinen Mann, der mich immer ermutigt und begleitet hat.

Ermöglicht wird das Projekt durch den Verein firstlove sowie mehrere Sponsoren, die im Anhang genannt werden. Ich bedanke mich für das Vertrauen und das Interesse an dem schwierigen Thema Kinderschutz. Nur dank ihrer Unterstützung konnte das Buch Fragmente eines Tabus verwirklicht werden.

Geleitwort

Sexuelle Gewalt im Kindes- und Jugendalter ist leider häufig. Sie umfasst alle Erfahrungen – mit oder ohne Körperkontakt – bei denen Kinder oder Jugendliche sexuelle Handlungen erdulden müssen, denen sie aufgrund ihrer emotionalen oder kognitiven Entwicklung nicht zustimmen können. Die Täter können männliche und weibliche Erwachsene und Jugendliche sein, die aus dem Familien-, Freundes- und Bekanntenkreis stammen, oder Fremdtäter aller Ethnien und sozialen Schichten. Ihre Opfer sind weibliche und männliche Säuglinge, Kinder und Jugendliche. Eine besondere Risikogruppe stellen Kinder und Jugendliche mit körperlicher oder geistiger Behinderung dar.

In den 1960er- und 1970er-Jahren wurden Ärztinnen und Ärzte noch selten mit dem Problem der sexuellen Gewalt an Kindern und Jugendlichen konfrontiert – die Betroffenen wurden meist als „Einzelfälle" wahrgenommen. In dieser Zeit stieß auch ich im Rahmen meiner Ausbildung zur Kinderärztin in den Vereinigten Staaten und in Zürich erstmals auf das Thema. Da damals eine Sensibilisierung für das Problem, das nötige diagnostische Wissen sowie eine spezifische Handhabung fehlten, wurden viele betroffene Kinderopfer nicht erkannt, andere dagegen fälschlicherweise als „sichere Fälle" von sexuellem Missbrauch diagnostiziert. Eine Beratung und Betreuung der Opfer und ihrer Bezugspersonen durch fachlich kompetente Stellen existierte praktisch nirgends.

Anfangs der 1960er-Jahre erkannte der nach Amerika emigrierte Pädiater Henry Kempe die Häufigkeit des sexuellen Missbrauchs und etablierte erste diagnostische und therapeutische Richtlinien. Gemeinsam mit seiner Frau Ruth wurde er führender Experte in Fragen der Kindesmisshandlung und gründete 1972 The National Center for the Prevention and Treatment of Child Abuse and Neglect, heute als Kempe Children's Center bekannt.

Bereits bestehende Kinderschutzgruppen, die sich auf die Thematik körperliche Misshandlung spezialiert hatten, griffen nach und nach das Thema des sexuellen Missbrauchs auf. In vielen Ländern entstanden nun spezialisierte interdisziplinäre Beratungsstellen. Durch die vermehrte Sensibilisierung von Fachpersonen und der Allgemeinheit auf das Problem des sexuellen Missbrauchs nahm die Zahl der Verdachtsfälle rasch zu, die Diagnostik wurde verbessert, das therapeutische Angebot ausgebaut. Zeitgleich wurden seit den ausgehenden 1980er-Jahren wichtige Fachbücher sowie persönliche Betroffenenberichte veröffentlicht.

Als ich zu Beginn der 1980er-Jahre die Sprechstunde für Kinderund Jugendgynäkologie am Kinderspital Zürich leitete, erlangte das Thema Kindesmissbrauch immer größere Bedeutung. Es tauchte in der ärztlichen Fortbildung auf und wurde von der Forschung aufgegriffen. Studien über Genitalbefunde an nicht missbrauchten Kindern lehrten uns, die Mannigfaltigkeit der Normalbefunde, der Normvarianten sowie der Pathologien durch andere Ursachen zu erkennen und mahnten zur Vorsicht in der Interpretation von Befunden. Vieles, was früher als beweisend für einen sexuellen Missbrauch galt, wurde nun als Normvariante erkannt. Damit änderte sich auch die Bedeutung der körperlichen Untersuchung. Allerdings wissen wir heute auch, dass sie in den meisten Fällen von erfolgtem sexuellem Missbrauch keinen endgültigen Beweis erbringen kann und dass sie nur einen kleinen Teil der notwendigen multidisziplinären Maßnahmen darstellt.

Denn sexuelle Gewalt zerstört nachhaltig die körperliche Integrität, sie ist ein Angriff auf das Innerste, das Intimste des Opfers. Hier kann eine feinfühlig durchgeführte Untersuchung ein wichtiger Meilenstein im therapeutischen Verarbeitungsprozess sein. Diese therapeutisch ausgerichtete Untersuchung darf auf keinen Fall traumatisierend sein und darf nur mit der Einwilligung des Opfers stattfinden. Dann kann sie sich heilend auf das Gefühl der Zerrissenheit auswirken, die Wiederherstellung der körperlichen Normalität und Integrität unterstützen und dem Opfer die Entscheidungsgewalt über den eigenen Körper zurückgeben.

Das vorliegende Bild-Text-Buch der Kinder- und Jugendgynäkologin Ruth Draths und der malenden Psychiaterin Eve Stockhammer nähert sich dem Thema des sexuellen Missbrauchs und des Kinderschutzes auf eine ganz neuartige, sehr informative und gleichzeitig subtile Weise an. Mit 13 detailliert beschriebenen Fallvignetten und eigens dazu gemalten Fantasieportraits wird der Leser, die Leserin direkt mit sehr komplexen, beeindruckenden und traurigen Geschichten von Kindern und Jugendlichen konfrontiert. Sie sind Opfer, die sexuelle Gewalt erleben mussten, aber den Mut und die Kraft aufbrachten, darüber zu sprechen. Mit „Fragmente eines Tabus" gelingt ein Einblick in diese vielschichtige Problematik und in die unterschiedlichen Möglichkeiten des Erkennens, der Beweisführung und der Hilfeleistung. Die bewegenden Bilder von Eve Stockhammer begleiten diese Geschichten und erlauben, das Drama der sexuellen Gewalt visuell aufzunehmen. Texte und Bilder bewirken eine starke Empathie, gekoppelt mit dem Wunsch, die Augen und die Seele für das Wohl der Kinder und Jugendlichen zu öffnen und sich dieser Tragödie anzunehmen.

Jeder Geschichte und ihrer Hauptproblematik folgt ein Abschnitt, ein sogenannter theoretischer Teil, in dem gut verständlich und klar beschrieben wird, welche wichtigen Schritte für eine optimale Kinderschutzarbeit notwendig sind. Es ist dieses Ineinanderfließen von Geschichten, Bildern und Information, diese Mischung von ausweglos erscheinenden Gewaltbeschreibungen mit berührenden Portraits und Theorieteilen mit möglichen Hilfeleistungen, die dieses Buch so einzigartig macht.

„Fragmente eines Tabus" wird Helfer und Betroffene, die es lesen und betrachten, das Gelesene und das Gesehene in sich aufnehmen, als wertvolles Kinderschutzbuch begleiten. Und das Aufgenommene wird weiter dazu beitragen, das immer noch bestehende Tabu des sexuellen Missbrauchs zu brechen.

Zürich, im Herbst 2016
Francesca Navratil

Kinder- und Jugendgynäkologin und langjähriges Mitglied der Kinderschutzgruppe des Kinderspitals in Zürich

Inhaltsverzeichnis

Einleitung 13

1. Maskengesicht. 15
   Theorie: Kinderschutzgruppe 17
2. Zwei Schwestern, eine Geschichte 21
   Theorie: Die kindergynäkologische Untersuchung 24
   Theorie: Dissoziation. 32
3. Leerer Körper 37
   Theorie: Sexualstörungen 39
   Theorie: Opferberatung 39
4. Schreiendes Unrecht 43
5. Zwischen den Kulturen gestrandet 49
   Theorie: Gewalt gegen Frauen – in verschiedenen
   Kulturen 49
   Theorie: Mythos Jungfernhäutchen 52
6. Der lange Schatten 55
   Theorie: Selbstverletzungen 57
7. Digitale Gewalt. 61
   Theorie: Sexuell übertragbare Infektionen (STI). 65
   Theorie: Zusammenarbeit mit Polizei und
   Staatsanwaltschaft. 68
8. Liegend zerstört. 71
   Theorie: Spurensicherung 71
9. Seiner Macht entkommen 77
   Theorie: Essstörungen 79
10. Gefangen im Körper 83
    Theorie: Sexueller Missbrauch und Behinderung 84

Theorie: Die frauenärztliche Untersuchung von Frauen
mit Handicap. 86
11. Verknüpfte Schicksale. 89
Theorie: Die „Pille danach" 91

Kurzbiografien. 97

Sachregister. 99

Einleitung

„Du arbeitest im Kinderschutz? Du untersuchst Kinder nach sexuellem Missbrauch? Das könnte ich nie! Das ist doch so schlimm, das würde ich nicht aushalten …“.

Wie oft habe ich das gehört und früher auch selber so gedacht. Doch wer soll denn diese Arbeit machen? Wer die Geschichten hören, die traurigen Gesichter sehen, die Ängste zu überwinden helfen? Es ist zweifellos belastend, es nimmt jeden mit, der sich von den Schicksalen berühren lässt. Aber ist es nicht unsere Pflicht, die Geschichten wenigstens zu hören, wenigstens zur Kenntnis zu nehmen, wie die Kinder leiden? Wenn wir als Gesellschaft, als Mitmenschen, diese Gewalt an unseren Kindern schon nicht verhindern können, müssen wir nicht zumindest versuchen, das Schweigen zu brechen? Die dunklen Geheimnisse beleuchten, das Unsagbare, Unvorstellbare benennen und damit die Macht der Täter über ihre Opfer brechen?

Ich möchte den Mädchen und Frauen, die sich mir anvertraut haben, eine Stimme geben, ihre Geschichten erzählen und damit anderen Betroffenen Mut machen, aus dem Dunkeln zu treten.

Namen, Orte und Verwandtschaftsbeziehungen sind verändert, um keine Rückschlüsse auf die Opfer zu ermöglichen. Zwischen den Geschichten sind theoretische Erklärungen eingefügt, die den Ablauf einer Untersuchung, die Arbeit im Kinderschutz oder die Zusammenarbeit mit den Behörden beschreiben. Die theoretischen Einschübe erlauben eine kurze Pause in dem oft bedrückenden Text und ermöglichen dem Leser und der Leserin, durch die Sachlichkeit etwas Distanz einzunehmen.

Begleitet werden die Geschichten durch die berührenden und intensiven Bilder der malenden Psychiaterin Eve Stockhammer. Bilder und Geschichten ergänzen und befruchten sich, sie sind in gegenseitiger Inspiration gewachsen.

Das Buch hat keine therapeutische Absicht, es ist kein Ratgeber. Es will aber auch nicht zudecken, sondern hinschauen. Und es möchte jungen Ärztinnen und Ärzten, Therapeutinnen und Therapeuten ein Beispiel dafür geben, was Kinderschutz bedeuten kann.

Bildkommentar von Eve Stockhammer

Die Bilder zu diesem Buch sind alle in der Nacht entstanden, in meinem kleinen geschlossenen Zimmer, in einem Moment, wo es komplett ruhig war und ich von nichts Äußerem abgelenkt wurde. Erst da wurde es mir möglich, mich ganz tief in die Geschichten, die Ruth Draths geschrieben hat, die ich aber auch in Erwachsenenversionen vielfach von meinen Patientinnen gehört hatte, mental und gefühlsmäßig einzulassen. Die Eindrücke mischten sich mit ausgelösten Emotionen und brachten mich in eine Art Traumzustand, der, mit dem Pinsel in der Hand, zu den Bildern führte. Es war ein Prozess des Verdichtens von Gehörtem und Gelesenem mit Gefühltem, eine Art Übersetzungsarbeit von inneren zu äußeren Bildern. Diese Arbeit war emotional sehr anspruchsvoll; sie hat mir sehr viel gebracht, mich aber auch erschöpft und gleichzeitig erleichtert, da Unfassbares zumindest teilweise fassbar wurde.

Mit diesen Bildern, die versuchen, die Tragödie des sexuellen Missbrauchs in Farben und Formen zu fassen, mal figurativ, mal surrealistisch, hoffe ich, den erschütternden und wichtigen Geschichten von Ruth Draths einen zusätzlichen Resonanzraum zu geben, den Opfern eine bildsprachliche Anerkennung ihres Leidens.

Maskengesicht

Unsere erste Begegnung vergesse ich nie: eine 14-jährige schlanke Jugendliche, geschminkt mit mehreren Schichten Make-up, perfekt gestylte Haare und Kleider. Ana wird mir vom Kinderspital geschickt, wo sie seit zwei Tagen hospitalisiert ist. Sie war die Nacht davor von zu Hause ausgerissen, die ganze Nacht weggeblieben und weigert sich zu sagen, wo sie gewesen sei. Die Eltern machen sich schon lange Sorgen um das Mädchen, das ihnen entgleitet. Ana verweigert alles, sie isst nicht mehr mit der Familie, sie schwänzt die Schule, sie hält sich nicht an die Verbote der Eltern, die eigentlich sehr streng sind. In der Familie herrscht seit Längerem nur noch Streit. Die Eltern, beide muslimischen Glaubens und aus unterschiedlichen Ländern stammend, lehnen die Lebensführung ihrer Tochter ab, ihr Äußeres, ihre Kleidung. Sie erwarten ein braves, sittsames, zielstrebiges Mädchen, das als Älteste der drei Kinder Verantwortung übernimmt. Doch Ana hat sich innerlich weit von Kultur, Glaube und Lebensführung der Eltern entfernt. Sie ist unnahbar, wirkt wie eine Marionette, ihre eigentliche Persönlichkeit ist nicht fassbar. Da sich das Mädchen weigert, zu sagen, wo sie die Nacht verbracht hat, muss angenommen werden, dass eine Gefährdungssituation besteht, daher wird die Kinderschutzgruppe einbezogen.

Maskengesicht

Theorie

Kinderschutzgruppe

Die Kinderschutzgruppe ist eine Gruppe von Personen aus verschiedenen Berufsgruppen, die alle mit Kinderschutz zu tun haben. Ich beschreibe hier die Kinderschutzgruppe eines Spitals, die ich kenne und mit der ich seit vielen Jahren zusammenarbeite. In allen größeren Kinderkliniken der Schweiz gibt es Kinderschutzgruppen. Davon zu unterscheiden sind die kantonalen Kinderschutzgruppen, die der jeweiligen Kinder- und Erwachsenenschutzbehörde zugeordnet werden.

In unserer Kinderschutzgruppe sind Kinderpsychologen, Kinderpsychiater, Kinderärzte, Kinderchirurgen, Sozialarbeiter, Pflegende aus dem Kinderspital und, je nach Fragestellung, die Kinder- und Jugendgynäkologin vertreten.

Das Ziel der Kinderschutzgruppe ist es, die Situation des betroffenen Kindes und seiner Umgebung, also der Eltern, eventuell Geschwister oder auch Pflegepersonen, genauer zu verstehen, um den besten Weg zu finden, Gefahren abzuwenden.

Die Kinderschutzgruppe wird einbezogen bei Verdacht auf Kindesmisshandlung oder Verdacht auf sexuelle Gewalt. Es ist für mich als Gynäkologin eine große Hilfe, die belastenden Geschichten mit den verschiedenen Fachleuten zu besprechen und aufzuarbeiten. Die Einschätzung, ob eine akute Gefährdung vorliegt, ob Behörden einbezogen werden sollen oder ob eine Anzeige eingereicht werden muss, kann so mit den zuständigen Fachpersonen besprochen werden. Die Kinderschutzgruppe hat aber keine Meldepflicht, was bedeutet, dass Fälle auch anonym besprochen werden können. Das Arztgeheimnis kann, wenn kein Offizialdelikt vorliegt, gewahrt bleiben. Alle Mitarbeitenden der Kinderschutzgruppe unterstehen der Schweigepflicht.

In der Kinderschutzsitzung wird eine kindergynäkologische Untersuchung empfohlen, und so sehe ich das Mädchen in meiner Spezialsprechstunde. Auch mir gegenüber bleibt die Jugendliche hinter ihrer Maske versteckt, gibt keine Auskunft und lässt kein Gefühl erkennen. Zuerst lehnt sie alles ab; sie möchte sich auf keinen Fall untersuchen lassen. Da ich aus ihrem Verhalten und den Reaktionen auf meine Fragen annehmen muss, dass sie bereits Intimkontakt hatte, nehme ich mir viel Zeit, ihr genau zu erklären, was eine Untersuchung bedeutet und warum sie notwendig ist. Ana ist intelligent und versteht, dass es mir um ihre Gesundheit geht, und lässt sich endlich überzeugen.

Ana fällt es sehr schwer, sich für die Untersuchung auszuziehen. Ich darf sie auf keinen Fall nackt sehen und sie sich selber auch nicht. Sie lehnt ihren Körper so sehr ab, dass ich sie ganz mit einem Tuch bedecken muss und nur einen ganz kurzen Blick auf sie werfen darf. Sie ekelt sich vor sich selbst. Sie, die alles dem äußeren Erscheinungsbild unterordnet, die auf eine perfekte Hülle achtet, kann sich selber darunter nicht akzeptieren, nicht einmal ansehen. In einer solchen Gefühlslage braucht es viel Zeit und Geduld, das Vertrauen zu gewinnen, damit das Mädchen bereit ist, sich mir zu zeigen. Ana muss sich darauf verlassen können, dass ich ihr nicht wehtue, dass ich sie nicht abwerte und ihre Intimsphäre wahre. Gleichzeitig birgt der kindergynäkologische Zugang auch die Chance, einem Menschen sehr nahezukommen und sprachliche Barrieren zu überwinden. Es scheint mir, dass Ana etwas verbergen möchte, dass sie meinen Fragen ausweicht. Auf die Frage, ob sie schon intimen Kontakt zu einem Mann gehabt habe, gibt sie keine Antwort. Sie möchte nicht lügen, sie kann aber auch nicht reden. Die Antwort liegt in der Untersuchung, denn es zeigt sich ein auffälliger Befund. Ich vermute, dass Ana schon mehrmals sexuellen Kontakt gehabt hat, aber es sind auch kleine Verletzungen zu sehen, noch nicht verheilte offene Stellen. Ich beschreibe ihr, was ich sehe, und frage sie, ob ihr jemand wehgetan habe, ob sie zu etwas gezwungen worden sei. Sie gibt zu, dass sie in der Nacht, als sie nicht nach Hause kam, mit ihrem neuen 18-jährigen Freund Sex gehabt habe. Mehr möchte sie nicht sagen, und ihre Eltern dürfen es auf keinen Fall erfahren. Für mich als Kindergynäkologin ist es in dieser Situation wichtig, weitere Risiken auszuschließen. Daher nehme ich die Abstriche für Infektionskrankheiten ab und führe einen Schwangerschaftstest durch. Da ich den Eindruck habe, Ana sei gefährdet für sexuellen Missbrauch, erkläre ich ihr, dass ich die Kinderschutzgruppe darüber informieren werde, dass sie Sex mit einem Achzehnjährigen habe, da sie dem Schutzalter untersteht, womit sie einverstanden ist. Der Kinderschutzgruppe teile ich den auffälligen Befund mit.

Im Verlauf der nächsten Tage verwickelt sich Ana im Gespräch mit der Psychologin in Widersprüche. Zuerst behauptet sie, sie sei über Nacht bei einer Freundin gewesen, verweigert aber, den Namen zu nennen. Dann sagt sie etwas von einem Auto, das ihrem Freund gehöre, in welchem sie mit dem Freund übernachtet habe. Später erwähnt sie zwei Männer, die im Auto gewesen seien, und sie gibt zu, mit beiden Verkehr gehabt zu haben. Bei genauerem Nachfragen sind es dann vier Männer gewesen, und sie sagt, sie hätte nur mit einem Verkehr haben wollen, mit ihrem Freund, der 18-jährig sei. Die anderen Männer seien älter gewesen, und ihr Freund habe ihr gesagt, sie müsse auch mit denen schlafen.

Nun wird entschieden, umgehend die Polizei einzuschalten. Diese stellt Handy und Laptop von Ana sicher und entdeckt darin über hundert Kontakte zu Männern aus verschiedenen Städten der Schweiz, darunter auch viele ältere Herren. Ein eigentlicher Kinderprostitutionshandel wird aufgedeckt. Ana steckt mitten drin, sie wird offensichtlich „herumgereicht", ihr „Freund" organisiert die Treffen.

Ana lebte in zwei Welten, führte ein Doppelleben, wurde ausgebeutet, ohne es wirklich zu realisieren. Darüber sprechen kann sie nicht – will sie nicht. Die Mutter, selber im Krieg Opfer sexueller Gewalt, lässt sich vom Schicksal ihrer Tochter nicht berühren. Sie ist eine strenge, rechthaberische Person, kühl und distanziert, die das Leben nach fixen Grundsätzen strukturiert. Themen wie Sexualität und Verhütung existieren nicht; ein Gespräch mit der Frauenärztin wird abgelehnt, obwohl Ana weiterhin sexuell aktiv ist.

Ana selber kommt in ein Heim; es beginnt ein langer und schwieriger Weg, sie zu stabilisieren. Immer wieder reißt sie aus den Heimen aus, verbringt Wochenenden auf der Straße, kommt wieder notfallmäßig ins Spital. Nun wird sie in eine therapeutische Einrichtung gebracht, in der man versucht, die innere Unruhe, die Ana antreibt, besser zu verstehen und sie zu beruhigen. Hier beginnt Ana, sich eigene Ziele im Leben zu setzen und schulisch wieder Tritt zu fassen. Dank ersten Erfolgen in der Schule kann sie sich aus der negativen Rolle lösen und etwas Respekt von den Eltern erhalten. Denn eigentlich ist es ihr größter Wunsch, von der Familie anerkannt und geachtet zu werden und für ihre kleinen Geschwister eine gute ältere Schwester zu sein. Sie ist weiterhin sexuell aktiv, weigert sich aber, Verhütungsmittel anzuwenden, da die Mutter dies verbietet und Ana nicht mehr lügen möchte.

Ich kann Ana über einige Jahre als Frauenärztin begleiten. Sie kommt regelmäßig und pünktlich zu den Terminen, obwohl sie die

Untersuchungen immer noch so hasst. Ihr Äußeres verändert sich, die Make-up-Schichten werden dünner, langsam wird darunter ihr eigentliches Gesicht, ihre Züge sichtbar: Eine Person erscheint unter der Maske.

Ana ist ein Beispiel für die Zerrissenheit vieler Jugendlicher zwischen den Kulturen, die innerlich verunsichert zum Opfer krimineller Ausbeutung werden können. Ana war an den hohen Erwartungen, die ihre Eltern an sie als Älteste stellten, gescheitert, sie konnte mit der offen gezeigten Missbilligung der Eltern nicht umgehen und baute sich eine Scheinwelt auf. Ihre unsichere Persönlichkeit machte sie zu einem geeigneten Objekt für die Täter. Dank Kinderschutz und der effizienten Polizeiarbeit konnte der kriminellen Bande das Handwerk gelegt und konnten weitere Mädchen vor diesem Weg bewahrt werden. Vor allem aber konnte Ana aus der Abhängigkeit befreit werden und die Chance nutzen, eigene Lebensinhalte zu entwickeln.

Zwei Schwestern, eine Geschichte

Die Ältere kann die Jüngere nicht schützen, aber sie hat den Mut zu reden, nach Jahren des Schweigens. Jetzt, wo sie gesehen hat, dass er nicht nur die jüngere Schwester Adina, sondern auch die kleine Cousine betatscht – diese ist gerade mal vier Jahre alt. Der Kleinen droht dasselbe Schicksal wie den großen zwei, das weiß sie jetzt. Und nun kann sie nicht mehr schweigen, jetzt ist ihr alles egal, und sie geht zur einzigen Person, von der sie glaubt, dass sie ihr Glauben schenken wird: zur Mutter ihrer Freundin.

Der eigene Körper ist nichts mehr wert, aber wenigstens die Schwester soll geschützt werden. Der Wunsch, anderen zu helfen, zu beschützen, ist so stark, dass sie die Angst vor der angedrohten Strafe überwindet.

Es war der Onkel, der sich an den beiden vergangen hat, acht Jahre lang, regelmäßig, bei jedem Besuch. Im Nebenzimmer, wenn die große Familie draußen war, wenn die Eltern abgelenkt waren. Adina, die Jüngere, kann sich nicht erinnern, selber Opfer geworden zu sein. Sie musste vor der Türe im Gang stehen und aufpassen, dass keiner hineinkommt. Doch Laila, die Ältere, weiß genau, dass auch Adina missbraucht wurde, sie hat es durch das Schlüsselloch gesehen. Oft, immer wieder, über Jahre, wie sie selbst auch. Seit sie sechs Jahre alt war. Bei ihr hörte er auf, als sie in die Pubertät kam. Wohl aus Angst vor einer möglichen Schwangerschaft? Sie weiß es nicht, sie hatte immer Angst, schwanger zu werden, auch schon als Kind. Den Zusammenhang von Schwangerschaft und Pubertät hatte ihr niemand erklärt. Über sexuelle Dinge wurde nie geredet.

Alles hat er mit ihnen gemacht, mit den beiden kleinen Mädchen, in jeder Stellung, aber immer in Eile, ohne Rücksicht auf Schmerzen.

Er-Innerung

Und er beschimpfte und bedrohte sie, immer wieder, als Schlampen, als Menschen, mit denen niemand etwas zu tun haben möchte, falls sie nicht das tun, was er wolle. Niemand werde ihnen glauben, sie seien ja so schlecht. Die eine musste Wache stehen, die andere missbrauchte er. Es gab kein Entrinnen, nur die innere Emigration.

Angst beherrschte die Kindheit und frühe Jugend. Angst, dass jemand etwas merkt, dass man ihnen die Schuld gibt, Angst, dass sie ausgestoßen würden. Nachts leiden sie unter Albträumen, beide Schwestern. Oft schreit die Jüngere im Schlaf. Beide entwickeln eine Essstörung. Während Laila unter Essanfällen leidet und übergewichtig wird, kann Adina kaum noch essen. Laila macht sich große Sorgen um die Jüngere, die untergewichtig ist. Auch Adina ist oft übel, und sie leidet an chronischen Bauchschmerzen, aber niemand erkennt, warum. Immer wieder die Besuche beim Arzt, aber er findet keine Ursache, nur einen unauffälligen Bauch, der wehtut. Der Kinderarzt meint, es sei der Schulstress. Allein kann Laila nicht mit ihm reden, er hat ja auch keine Zeit. Und würde er ihr denn glauben? Sie wagt es nicht, etwas zu sagen.

Doch dann geht es nicht mehr, sie kann nicht mehr ertragen, was sie durch das Schlüsselloch beobachtet. Und so erzählt sie der Mutter der Freundin, dass sie und ihre Schwester missbraucht würden. Seit Langem, seit Jahren. Mehr kann sie nicht sagen, zu groß ist die Angst.

Die Mutter der Freundin alarmiert nun die Polizei, und dann geht es rasch. Laila wird auf den Polizeiposten gebeten und befragt. Jetzt, im geschützten Rahmen, erzählt sie alles, zum ersten Mal in ihrem Leben. Und sie wird ernst genommen, das spürt sie an den Fragen. Sie legt ihre ganze Hoffnung, dass sich nun endlich etwas ändern könnte, in dieses Gespräch. Doch gleichzeitig hat sie auch große Angst, Angst um Adina, die jüngere Schwester, Angst um die kleine Cousine, und vor allem Angst, wie die Eltern reagieren würden. Die Eltern sollten auf keinen Fall etwas erfahren, das wäre ihr am liebsten. Sie ist sich sicher, dass die Eltern ihr nicht glauben würden. Oder noch schlimmer, ihr vorwerfen, dass sie selber an den Übergriffen schuld sei.

Adina, die Jüngere, wird nun auch von der Polizei befragt, aber sie möchte lieber keine Aussage machen. Das Mädchen meint, sie habe nichts zu sagen, sie wisse nichts. Sie könne sich an nichts erinnern und ihr sei nichts passiert. Dann erzählt sie doch, dass sie „Wache" stehen musste, sie hätte aufpassen müssen, dass niemand ins Zimmer komme, wenn der Onkel mit Laila da etwas gemacht hätte. Nun wird die Mutter von der Polizei informiert und befragt. Wie befürchtet, sucht sie die Ursache bei Laila: Die ältere Tochter habe sich das nur eingebildet, das könne nicht wahr sein, was Laila da sage, die Polizei solle ihr nicht glauben. Auf keinen Fall dürfe der Vater etwas erfahren. Die ganze Familie hat Angst, dass der Vater vor Sorgen krank würde. Er habe ein schwaches Herz. Am besten wäre es, meint die Mutter, die beiden Mädchen würden für ein Jahr zurück in die Heimat geschickt, dann würden sie alles vergessen und wären nachher wieder normal. Die Polizei nimmt aber die Aussagen der Mädchen ernst und schlägt eine kindergynäkologische Untersuchung von Laila vor. Damit ist die Mutter einverstanden und ist auch bereit, die ältere Tochter zur Untersuchung zu begleiten.

Theorie

Die kindergynäkologische Untersuchung

Die kindergynäkologische Untersuchung hat nichts mit der gynäkologischen Untersuchung der erwachsenen Frau zu tun. Ich möchte sie hier kurz beschreiben, da die Vorstellung, ein Kind frauenärztlich untersuchen zu lassen, etwas Angst machen kann. Der Arzt benötigt eine spezielle Ausbildung, um Kinder gynäkologisch zu untersuchen. Die wichtigsten Grundsätze der Untersuchung sind:
- niemals wehtun
- niemals zwingen
- das Mädchen kann immer und jederzeit die Untersuchung abbrechen
- während der Untersuchung immer in Kontakt mit dem Kind bleiben, Angst nehmen und das Normale und Natürliche betonen.

Der Ablauf der Untersuchung

Zuerst das Gespräch
Zu Beginn möchte ich das Kind kennenlernen und wissen, worum es genau geht. Wichtig ist auch, dass ich weiß, wer das Mädchen begleitet und wie die Beziehung zur Begleitperson ist. In den meisten Fällen ist das die Mutter, je nach Situation kann es der Vater, eine Polizistin oder eine Lehrerin, Heimerzieherin oder Verwandte des Kindes sein. Kleine Kinder sitzen für die Untersuchung auf dem Schoß der begleitenden Person. Da ist es besonders wichtig, dass hier eine Vertrauensbeziehung besteht und das Kind sich gut gehalten und sicher fühlt.

Im Gespräch frage ich das Mädchen nach verschiedenen Symptomen, wie es ihm geht, mit dem Essen, mit Kopfschmerzen, Bauchschmerzen, ob es gerne Zähne putzt und wie es auf der Toilette geht. So wird der Genitalbereich eingebettet in den gesamten Körper, und ich erfahre, wie das Kind sich pflegt, wie es seinen Körper wahrnimmt und wo überall Beschwerden bestehen.

Die allgemeine Untersuchung
Nun frage ich das Mädchen, ob ich es anschauen darf. Ich beginne immer mit dem Oberkörper, das kennen die Kinder vom Kinderarzt. Ich untersuche den Kopf, schaue in den Mund und achte auf Auffälligkeiten an der Haut und dem Brustbereich. Ich taste den Bauch ab und schaue den Rücken an. Alles, was normal und gesund ist, sage ich auch. Dann bitte ich das Kind, das T-Shirt wieder anzuziehen und die Unterhose auszuziehen. Für die meisten Kinder ist das ganz problemlos.

Die gynäkologische Untersuchung
Bevor ich das Mädchen untersuche, zeige ich ihm den Untersuchungsstuhl und, je nach Alter des Kindes, setze mich selber darauf und zeige ihm, wo es die Füße hinstellen soll. Dann fahre ich mit dem Stuhl einmal hoch, und das Mädchen darf selber den Knopf für die Bewegung drücken. Meistens finden die Kinder den Stuhl dann ganz toll, er ist ja wie ein Lift, und der Stuhl tut auch nicht weh. Dann bitte ich bei den kleineren Kindern die Mutter, den Vater oder die Begleitperson, sich auf den Stuhl zu setzen, und das Kind sitzt auf dem Schoß der Begleitperson. Ab vier bis fünf Jahren möchten die Kinder meistens schon alleine sitzen.
Auf dem Schoß der Mutter kann sich das Mädchen anlehnen und die Beine einfach nach außen stellen, die Mutter kann die Beine auch am Oberschenkel etwas stützen, damit sich das Kind ganz entspannt. Für die Kinder ist das meistens auch ganz natürlich, da ich ja alle anderen Körperstellen auch angeschaut habe, ohne wehzutun. Ich erkläre dem Mädchen das Kolposkop: Das ist ein bewegliches Mikroskop, das Licht direkt an jene Stelle wirft, die ich genau ansehen möchte.
Natürlich untersuche ich immer mit Handschuhen. Um Angst zu nehmen, kann man einen Handschuh aufblasen und einen Hand-Luftballon daraus machen: Mit den aufgeblasenen Fingern sieht er ganz lustig aus und kann gut von der Untersuchung ablenken.
Nun berühre ich das Mädchen mit meinen Händen an der Oberschenkelinnenseite, und erkläre, dass es jetzt meine Hände spürt, diese aber nicht weh machen. Ich schaue mir das Genitale unter der Vergrößerung genau an, achte auf Veränderungen an der Haut, am Ausgang der Harnröhre und am Eingang in die Scheide. Dieser Eingang sieht bei den Menschen unterschiedlich aus, so, wie unsere Nasenformen unterschiedlich

sind. Ich muss beurteilen, ob das bei dem Kind, das ich untersuche, natürlicherweise so aussieht, also immer so ausgesehen hat, oder ob eine Öffnung zum Beispiel vergrößert oder unregelmäßig umrandet erscheint, ob Einrisse oder Narben zu sehen sind. Das ist oft schwierig, denn das Jungfernhäutchen, das den Eingang in die Scheide bildet, ist nur wenige Millimeter hoch und nicht immer gut zu sehen.

Je nach Fragestellung folgt nun die Spurensicherung oder die Entnahme von Flüssigkeit für den Ausschluss von Infektionen. Was genau untersucht wird, wird in den entsprechenden Abschnitten weiter unten erklärt. Für die Spurensicherung benötigt man dünne Wattestäbchen, mit denen man äußerlich über die Haut streift, dort, wo eine mögliche Berührung mit dem Täter stattgefunden hat. Falls Verdacht auf eine Penetration besteht, also ein Eindringen in die Scheide, muss auch etwas Flüssigkeit aus der Scheide entnommen werden. Auch diese Untersuchung darf nicht wehtun, daher müssen bestimmte Regeln befolgt werden:

1. Das Jungfernhäutchen muss eine genügend große Öffnung haben, um ohne Berührung etwas Flüssigkeit entnehmen zu können.
2. Das Mädchen muss während der kurzen Entnahme ruhig liegen bleiben können.
3. Man benötigt für die Entnahme einen ganz dünnen, weichen Katheter, der üblicherweise bei Neugeborenen zum Absaugen der Nase benutzt wird.
4. Der Untersucher soll im Umgang mit dem Katheter geübt sein.

Mit dem dünnen Katheter kann nun ganz gezielt, ohne das Jungfernhäutchen zu berühren, etwas Flüssigkeit angesaugt und in das Gefäß für die bakterielle Untersuchung oder den DNA-Nachweis zur Spurensicherung gegeben werden. Auch dies ist schmerzfrei, manchmal spürt das Kind aber die Berührung des Katheters wie ein Kitzeln.

Falls die Öffnung des Jungfernhäutchens zu eng ist oder das Mädchen sich nicht untersuchen lassen möchte, wird dies respektiert und man verzichtet auf die Entnahme. Falls das Mädchen während der Untersuchung plötzlich Angst bekommt und abbrechen möchte, höre ich mit der Untersuchung auf. Es ist sehr wichtig, dass das Mädchen erlebt, dass es alles, was seinen Körper betrifft, selber entscheiden darf, dass nichts gegen seinen Willen geschieht und sein Wunsch immer respektiert wird. Damit hat die Untersuchung auch etwas Heilsames, es gibt dem Kind die Entscheidungsmacht über den Körper zurück.

Ich beschreibe dem Kind, was ich sehe, und betone alles, was normal ist. Denn häufig beherrscht das Gefühl, zerrissen zu sein, die Vorstellung vom eigenen Körper. Je nach Alter zeige ich dem Mädchen das Genitale mit dem Handspiegel, sodass es auf jede Berührung gefasst ist und sehen kann, dass alles normal ist. Auch einen weiten Eingang in die Scheide, Dehnungen des Jungfernhäutchens oder Spuren einer Penetration benenne ich, bei frischen Verletzungen kann man über eine Salbe oder ein Sitzbad sprechen, damit das gut verheilt. Die körperlichen Verletzungen eines sexuellen Übergriffs sind ja selten akut bedrohlich, die seelischen und psychosomatischen Folgen sitzen viel tiefer und brauchen Hilfe, um zu heilen. Daher ist es eine ganz wichtige Aufgabe der Untersuchung, dem Mädchen das Gefühl zu geben, es ist okay, es wird wieder gut.

Abhängig von der Fragestellung muss auch der Afterbereich angeschaut und das Mädchen manchmal in der Knie-Brust-Lage untersucht werden. Dafür dreht sich das Mädchen auf die Knie, legt den Kopf und die Brust auf die Liege und schaut mich zwischen seinen Beinen hindurch an. Gerade in dieser Position ist es wichtig, in Sichtkontakt mit dem Kind zu sein, damit es weiß, wer es berührt, und dass die Berührung in Ordnung ist. Ich erkläre ihm, dass ich kurz noch eine Kontrolle mache, und achte dann auf die Entfaltung des Scheideneingangs, auf das Jungfernhäutchen und die Öffnung des Afters. Auch diese Untersuchung ist schmerzfrei.

Falls ein Mädchen sich nicht untersuchen lassen will, die Spurensicherung aber für die Überführung des Täters sehr wichtig ist, muss die Untersuchung unter Umständen in einer kurzen Narkose erfolgen. Dies ist nur selten notwendig, denn die meisten Mädchen können ohne Narkose untersucht werden, wenn man genügend Zeit und Geduld aufbringt, das Vertrauen des Kindes zu gewinnen.

Laila

Laila kommt in Begleitung der Mutter und einer Polizistin zur kindergynäkologischen Untersuchung zu mir. Sie hat große Angst. Weniger vor der Untersuchung als davor, wie es nachher weitergehen wird. Was, wenn man ihr nicht glaubt? Und was, wenn man ihr glaubt? Kommt der Onkel ins Gefängnis? Ist sie dann Schuld, dass die Familie zerstört wird, wie die Mutter sagt? Wie können ihre Eltern das überstehen? Der Vater ist herzkrank. Ist das auch ihre Schuld? Sie fühlt sich für alles verantwortlich, sogar für die Gesundheit der Eltern.

grenzenlos

Die Mutter erscheint ganz in Schwarz gehüllt und sagt kein Wort. Sie spricht kein Deutsch, wirkt abweisend und unnahbar. Sie zeigt keine Reaktion, als Laila unter Tränen erzählt, was passiert ist.

Seit sie circa sechs Jahre alt war, kam der Onkel, der regelmäßig die Familie besucht, zu ihr und drückte sie an sich. Meist im Wohnzimmer, wenn die übrigen Familienmitglieder draußen waren. In der großen Familie sei dies nicht aufgefallen, meist seien auch die anderen Geschwister der Eltern mit den ganzen Familien zu Besuch gekommen. Die jüngere Schwester musste dann vor dem Wohnzimmer im Gang stehen und aufpassen. Dann verlangte der Onkel immer mehr von ihr; sie musste sich auf ihn setzen, er penetrierte sie, vaginal, anal, auch oral. Alles musste sie mitmachen, jahrelang. Er drohte ihr, was alles passieren würde, wenn sie jemandem etwas sage. Dann holte er die Jüngere, und sie, Laila, musste draußen Wache stehen. Sie war so verzweifelt, sie hatte gehofft, dass er wenigstens Adina verschone, wenn sie selber alles mitmache. Sie bot sich ihm an, doch er lachte sie nur aus.

Nach dem Bericht von Laila schicke ich die Mutter und die Polizistin ins Wartezimmer und untersuche das Mädchen. Ich schaue mir ihren Körper an, ihren Bauch, der immer wieder schmerzt. Dann, auf dem gynäkologischen Stuhl, untersuche ich den Scheideneingang. Leider bestätigt sich, was Laila berichtet hat. Der Scheideneingang ist weit offen, das Jungfernhäutchen ist kaum noch erkennbar. Das ist nicht immer so, dass die Untersuchung eine Aussage zulässt, aber bei Laila spricht alles für einen chronischen Missbrauch mit Penetration. Ich nehme die Abstriche für Infektionen und dokumentiere den Befund. Dann erkläre ich Laila und der Mutter, was ich gesehen habe.

Nun zeigt die Mutter doch eine Reaktion: Sie ist erschüttert, sie weint, sie ist verzweifelt. Vor allem fürchtet sie sich, es dem Vater sagen zu müssen; auch sie hat Angst, dass er das nicht verkraften würde. Der Täter ist sein Bruder, es geht um seine ganze Familie, um den Familienstolz.

Die Polizistin begleitet Mutter und Tochter nach Hause, ein erster Termin mit der Opferberatung ist bereits organisiert. Ich vereinbare einen Verlaufstermin in zwei Wochen, um die Ergebnisse der Abstriche zu besprechen und zu sehen, wie es Laila geht.

Dann, eine Woche später, kommt Adina zur Untersuchung. Die Polizei hat ihr gesagt, dass es notwendig sei. Die Polizei glaubt ihr nicht, dass sie nur Wache gestanden habe, sie vermutet, dass die ältere Schwester Laila die Wahrheit sagt und Adina auch missbraucht wurde. Der Täter ist inzwischen in Untersuchungshaft, aber er bestreitet alles.

Erst als der Onkel mit dem ersten Untersuchungsresultat konfrontiert wird, gibt er zu, einmal, ein einziges Mal, das ältere Mädchen berührt zu haben.

Die Mutter hat inzwischen mit dem Vater gesprochen. Er redet auf Laila ein und versucht, sie dazu zu bewegen, alles zu widerrufen. Sie soll der Polizei sagen, dass sie alles erfunden habe. Sie soll den Onkel vor dem Gefängnis retten und die Familienehre wieder herstellen. Aber Laila schüttelt den Kopf und schweigt.

Und nun kommt Adina zur Untersuchung. Eine schwierige Aufgabe, ein Mädchen zu untersuchen, das nicht zur Untersuchung kommen möchte und abstreitet, dass ihr etwas angetan worden sei. Sie wird nur von der Polizistin begleitet. Die Mutter ist jetzt in psychologischer Behandlung; es belastet sie zu stark, um nun auch das jüngere Mädchen zu begleiten.

Adina

Ich lerne ein 11-jähriges Mädchen kennen, schlank, zartgliedrig, eher scheu. Sie ist noch ein Kind, die Pubertätsentwicklung hat erst begonnen. Sie erzählt wenig, aber auch sie macht sich große Sorgen. Sorgen um die ältere Schwester, vor allem aber um die Eltern und die kleine Cousine. Sie findet es richtig, dass die Schwester gesprochen hat, und sie bestätigt alles, außer den Vorfällen, die sie selbst betreffen. Über sich selber sagt sie nur, dass sie im Gang habe aufpassen müssen. Sie könne sich nicht erinnern, ob der Onkel ihr etwas getan habe. Sie könne sich an keine Berührung erinnern, keine Schmerzen. Angst hätte sie aber schon immer vor ihm gehabt, und Albträume. Sie könne seit Langem kaum schlafen, kaum essen. Oft sei ihr übel, sie müsse sich auch öfters übergeben.

beschattet

Adina ist offen, gut zugänglich und bemüht sich, alle Fragen ganz genau zu beantworten. Nach dem Gespräch ist sie mit der Untersuchung einverstanden und kooperiert problemlos. Bei Adina zeigt sich noch deutlicher als bei der Schwester, dass der Eingang in die Scheide weit offen ist. Das Jungfernhäutchen hat viele Einrisse, es ist kaum noch etwas vom Rand erhalten. Und das bei einem Mädchen, das noch nicht in der Pubertät ist! Es besteht kein Zweifel, dass das Häutchen durch wiederholte Penetrationen zerrissen wurde.

Adina spürt überhaupt nichts von der Untersuchung. Selbst bei der Abstrichentnahme zeigt sie keine Reaktion. Sie hat kein Gefühl mehr, der ganze Bereich vom Unterbauch bis zu den Oberschenkeln ist gefühlslos. Ausgeblendet, wie eine schwarze Box. Es ist das Bild der Dissoziation, der Abspaltung des gesamten Körperteils, er ist aus dem Bewusstsein gestrichen. So kann sie sich auch an nichts erinnern, was an dieser Körperstelle je passiert ist. Es ist eine psychische Schutzreaktion, typisch bei chronischem Missbrauch.

Theorie

Dissoziation

Wörtlich genommen heißt Dissoziation „Trennung". Dissoziieren ist eine Fähigkeit des menschlichen Gehirns, die sowohl in Alltags- als auch in Stresssituationen auftreten kann. In der Psychologie versteht man unter Dissoziation die Spaltung von Wahrnehmungs- und Gedächtnisinhalten, die normalerweise zusammengehören.

Typischerweise leiden Menschen nach schweren Traumata (wie beispielsweise nach sexuellem Missbrauch) unter einer bleibenden Dissoziationsstörung. Diese Reaktion tritt meist dann auf, wenn die Person mit den traumatischen Inhalten des Erlebten in Berührung kommt oder sich daran erinnert. Die Symptome sind vielschichtig, sie reichen von Sensibilitäts- und Empfindungsstörungen über Vorbeiantworten, unerwartetes Weggehen (Fugue) oder Bewegungseinschränkung (Stupor) bis zur Abspaltung des Bewusstseins während einer Handlung. So fehlt dem Opfer sexueller Gewalt manchmal nicht nur die Erinnerung an das Trauma, sondern jegliche körperliche Empfindung im genitalen Bereich. In der therapeutischen Traumaarbeit kann es gelingen, die Dissoziation zu überwinden, fehlende Körperempfindungen oder ausgeblendete Erinnerungen wiederzuerlangen.

Ich bin von diesem Bild erschüttert. Was musste das Mädchen all die Jahre ertragen? Die Angst und der Schmerz, sie zerfressen ihre Kindheit, ihre Lebensfreude. Es wird ein langer Weg sein, sie aus diesem Gefühlszustand herauszubegleiten.

Da Adina nur in Begleitung der Polizistin zur Untersuchung gekommen ist, sage ich ihr nur, dass sie das sehr gut gemacht hat und ich sie in zwei Wochen noch einmal sehen möchte.

Inzwischen hat es ein Gespräch mit beiden Eltern gegeben, der Vater stellt sich nun ganz klar und eindeutig hinter seine Töchter. Er macht sich schwere Vorwürfe und möchte jetzt alles unternehmen, damit es seinen Mädchen besser geht. Er macht sich auch große Sorgen um seine Frau, die mit Depression auf die schwierige Situation reagiert. Durch die Opferhilfe ist eine psychiatrische Beratung eingeleitet worden.

Mit dem zweiten Untersuchungsresultat konfrontiert, hat der Täter zugegeben, auch die Jüngere einmal berührt zu haben. Erst im weiteren Verlauf gesteht er, beide Mädchen seit Jahren missbraucht zu haben. Aber er behauptet weiterhin, sich nur an den beiden Mädchen und nicht an der kleinen Cousine vergangen zu haben. Doch Laila und nun auch Adina sagen etwas anderes.

Das dritte Mädchen

So kommt nun auf Anweisung der Staatsanwaltschaft auch noch die Mutter der kleinen Cousine zur Untersuchung. Sie ist über die Situation der beiden Mädchen informiert und möchte die Kleine untersuchen lassen, obwohl sie sich nicht vorstellen kann, dass dieser Mann, den sie kaum kennt, dem Mädchen etwas angetan haben könnte.

Das Kind ist vierjährig, ein süßer kleiner Engel, aber auffällig ernst. Auch sie lässt sich völlig problemlos untersuchen, und auch hier zeigt sich ein auffälliger Befund, verdächtig für eine stattgefundene Penetration. Ein Einriss im Jungfernhäutchen, der kaum auf andere Weise zustande kommt. Es fällt mir sehr schwer, dies der hochschwangeren Frau mitzuteilen. Wie kann man das in Worte fassen? Es ist nur ein Verdacht, aber ich muss ihn mitteilen.

Ich sehe sie ernst an und nicke. Entsetzen, Angst und Wut sind ihre Reaktion. Wie kann man ihrer kleinen Tochter so was antun! Ich erkläre ihr, dass dies kein Beweis ist, aber im gesamten Ablauf muss man davon ausgehen, dass der entfernte Verwandte auch ihrem Kind wehgetan hat. Ich ermutige die Mutter, sich ebenfalls bei der Opferberatung zu melden. Doch in den nächsten Wochen steht die Geburt an, und zusätzlich muss sie ihrem Mann vom möglichen Missbrauch der Tochter berichten.

Über die nächsten Monate konnte ich die Familie der beiden Schwestern begleiten, auch den Vater lernte ich kennen. Er hat sich ganz hinter seine Töchter gestellt und jegliche Hilfe, die geboten wurde, angenommen. Die Mutter steht wegen Depressionen in psychiatrischer Behandlung. Die Mädchen haben sich in der Schule stabilisiert, sie erhalten beide eine Beratung wegen der Essstörung. In der letzten Verlaufskontrolle wirkt vor allem Laila sicherer und selbstbewusster. Albträume und Körperschemastörungen sind jedoch noch geblieben. Werden die Wunden und Narben je heilen?

Leerer Körper

Mit 13 Jahren wurde Katja von einem Bekannten der Familie vergewaltigt. Katja ist ein frühreifes, groß gewachsenes Mädchen, die Mutter alleinerziehend, es herrscht viel Streit zwischen ihnen. Nach dem Vorfall wird Katja zu einem Frauenarzt gebracht, sie wird untersucht, und man sagt ihr, man sehe nichts und man könne sowieso nichts beweisen. Die Mutter glaubt der Tochter nicht wirklich, findet, sie solle sich nicht so anstellen. Das Mädchen gibt auf, Katja zieht sich zurück, wird aggressiv und beginnt sich an den Armen zu ritzen. In der Schule hat sie Schwierigkeiten, fällt zurück. Als Jugendliche findet sie keine Lehrstelle und übernimmt Gelegenheitsarbeiten. Sie achtet sehr auf ihr Äußeres und träumt von einem eigenen Nagelstudio.

Auf die Frage, woher sie das Geld zum Leben nehme, antwortet sie, dass die Jungs sie bezahlen würden, für Sex; das sei ja das Einzige, was sie könne. Katja ist intelligent, sie erfasst sofort den Zusammenhang mit dem damaligen Ereignis. Die sexuelle Gewalt hat ihr Vertrauen in die Zukunft, in die Menschen zerschlagen, auch das Vertrauen in die Mutter und in sich selbst. Sie war schutzlos, keiner hat sich hinter sie gestellt, auch nicht später im Leben. Ihre Erlebnisse in der Schule und auf der Lehrstellensuche hat sie als Ablehnung und Verachtung ihrer Person gegenüber empfunden. Aus diesen negativen Erlebnissen hat sie sich befreit, in ihrer Logik. Sie würde jetzt respektiert, sie habe eine gewisse Macht über die Männer, denn sie könne wählen. Aber hinter der perfekten Maske zeigt sich die tiefe Verletzung. Sie formuliert ihr Gefühl sehr klar: „Ich kann nichts, und ich bin nichts wert. Das einzige, was ich zu bieten habe, ist mein missbrauchter Körper. Das einzige, was ich kann, ist Sex."

spreizend

Theorie

Sexualstörungen

Bei Opfern von sexuellem Missbrauch kommt es häufig im späteren Sexualleben zu Störungen. Die Wirkung der sexuellen Gewalt kann ganz unterschiedlich sein. Einerseits leben viele Missbrauchsopfer in völliger sexueller Abstinenz und können sich im späteren Leben überhaupt keinen Intimkontakt mehr vorstellen. Anderseits kann die Abwertung des eigenen Körpers einen unersättlichen Wunsch nach körperlicher Bestätigung erzeugen, was zu einem aggressivem Sexualverhalten, zur Promiskuität (einer sogenannten „Sexbesessenheit" mit ständig wechselnden Partnern) und zur Prostitution führen kann. All diesen Störungen liegen Probleme der Bindungsfähigkeit zugrunde als Folge des schweren psychischen und körperlichen Vertrauensmissbrauchs als Kind. Selbst wenn keine bewussten Erinnerungen mehr vorhanden sind, bleibt das Körpergedächtnis bestehen. Das spätere Verhalten (meist eine Mischung zwischen Unterwürfigkeit und Aggressivität), das häufig von der Umwelt missverstanden wird, erzählt die Wahrheit des früheren Beziehungstraumas. Eine Psychotherapie kann die Tür zu einer verbesserten Beziehungsfähigkeit und auch zur Intimität öffnen.

Der Schritt zur frauenärztlichen Untersuchung fällt ihr sehr schwer; sie schämt sich, möchte sich am liebsten verstecken. Ich darf sie nicht nackt sehen, auch ihre Brust kann ich für die Untersuchung nur durch das T-Shirt hindurch abtasten. Obwohl das schwere Ereignis schon vier Jahre zurückliegt und sie inzwischen viele sexuelle Begegnungen hatte, kann sie sich kaum untersuchen lassen. Die Zeit heilt nicht einfach alle Wunden, diese tiefen Verletzungen müssen mit psychologischer Hilfe aufgearbeitet werden, sonst schwelen sie im tiefen Inneren weiter. Ich empfehle ihr, sich auch nach dieser langen Zeit bei der Opferberatung zu melden, und hoffe, dass sie Hilfe bei der Aufarbeitung erhalten werde.

Theorie

Opferberatung

Die Opferberatung ist eine je nach Kanton unterschiedlich organisierte Beratungsstelle. Durch meine Arbeit mit der internen Kinderschutzgruppe habe ich die Opferberatungsstelle in unserem Kanton kennengelernt. Ich möchte hier nur kurz die Aspekte erwähnen, die für mich und meine Arbeit wichtig sind. Es ist keine umfassende Darstellung dieser Institution.

Die Opferberatung ist ein Hilfsangebot für Menschen, die in ihrer körperlichen, psychischen oder sexuellen Integrität beeinträchtigt worden sind und die Hilfe bei der Bewältigung ihrer Situation und der Durchsetzung ihrer Rechte in Anspruch nehmen wollen. Jede Person, die Opfer einer solchen Straftat geworden ist, hat einen gesetzlich garantierten Anspruch auf Unterstützung (Opferhilfe). Der Anspruch besteht unabhängig davon, ob der Täter ermittelt worden ist, ob er verurteilt worden ist oder ob er sich schuldhaft verhalten hat.

Häufig sind es Frauen, die Hilfe suchen, die Gewalt in der Ehe erlebt haben, oder es sind Kinder, die Schutz vor gewalttätigen Eltern suchen. Immer wieder wenden sich auch Opfer von sexueller Gewalt an die Opferberatungsstelle und werden dann, je nach Situation, an den Frauenarzt oder die Kindergynäkologin überwiesen. Manchmal wenden sich auch Betreuungspersonen, Lehrpersonen oder Schulpsychologinnen und -psychologen an die Opferberatungsstelle und begleiten dann ein Kind oder eine Jugendliche. Die Beratung ist kostenlos, sie wird vom Kanton bezahlt. Die Fachpersonen, die ich kennengelernt habe, waren Sozialarbeiterinnen, sehr einfühlsame Frauen, die den Ratsuchenden eine gute Beratung und Begleitung geboten haben.

Betroffene Personen können in der Opferberatungsstelle zuerst erzählen, was vorgefallen ist. Dann überlegt man gemeinsam und sucht nach einer Lösung für die akute Situation, zum Beispiel eine Notunterkunft, wenn eine Frau nicht mehr nach Hause zurückkehren kann, eine Unterbringung für die Kinder, wenn eine Bedrohungssituation für sie besteht, oder die Einleitung einer Familien- oder Paartherapie, falls noch Hoffnung besteht, einen gemeinsamen Weg mit dem Partner zu finden.

Eine Unterstützung durch die Opferberatung ist auch sehr wichtig, wenn es um eine Anzeige von sexueller Gewalt geht. Denn Anzeige zu erstatten und vor der Polizei oder dem Gericht auszusagen, ist für Opfer sexueller Gewalt oft sehr belastend. Die Mitarbeiterinnen der Opferberatung kennen die Abläufe und können die betroffene Person auf Situationen vorbereiten, die auf sie zukommen, oder sie begleiten die Opfer zur Erstattung der Anzeige und helfen bei den Formalitäten. Von großer Bedeutung ist zudem, dass sich die Betroffene den Behörden gegenüber nicht ganz alleine fühlt, sondern sich bei einer vertrauten Person aussprechen kann. Gerade Jugendliche, die sich vielleicht innerhalb der Familie gegen einen sexuellen Übergriff wehren, brauchen Unterstützung und Begleitung. Ich habe auch immer wieder erlebt, dass sich eine Jugendliche nach der Beratung gegen die Anzeige entschieden hat, da sie sich nicht vorstellen konnte, diesen Prozess durchzustehen. Eine Anzeige muss nicht unmittelbar nach der Tat erhoben werden, es besteht nach der Gesetzgebung die Möglichkeit, zu einem späteren Zeitpunkt eine Aussage zu machen. Für die psychisch oft traumatisierte Person ist es wichtig zu wissen, dass sie auch später, in einer psychisch stabileren Situation, darauf zurückkommen kann. Nur die Spurensicherung sollte so rasch nach der Tat als möglich durchgeführt werden, da die biologischen Hinweise schnell nicht mehr nachweisbar sind.

Effektiv fasst Katja nach der ersten frauenärztlichen Untersuchung Mut. Bei der Verlaufskontrolle nach drei Monaten berichtet sie, dass sie sich bei der Opferberatung gemeldet habe und jetzt ein erster Termin bei einer Psychotherapeutin ansteht. Nach einem Jahr hat sie sich zum ersten Mal auf eine feste Beziehung eingelassen, sie wohnt jetzt mit ihrem Freund in einer gemeinsamen Wohnung und möchte in einem Nagelstudio arbeiten. Sie hat zum ersten Mal einen Partner gefunden, der ihr das Gefühl gibt, eine achtenswerte Person zu sein.

Feuermädchen

Schreiendes Unrecht

Sabrina ist ein vierjähriges Mädchen. Sie wird mir vom Staatsanwalt zur kindergynäkologischen Untersuchung zugewiesen. Der Anmeldung entnehme ich, dass der Großvater verdächtigt wird, sein Enkelkind sexuell missbraucht zu haben.

Ich bitte die Familie ins Untersuchungszimmer. Eine aufgewühlte Mutter, verweint, händeringend, ein erstarrter Vater, verzweifelt und zutiefst beschämt. Er ist voller Entsetzen, ungläubig, wozu seine Eltern fähig sind, seine einzige liebste Tochter zu misshandeln.

Sarah war ein kleiner blonder Engel, ein süßer Lockenkopf, ein fröhliches Kind, immer am Singen und Tanzen. So war sie, aber so ist sie nicht mehr.

Ich sehe ein Kind, das sich sofort in der hintersten Ecke des Raumes versteckt, kaum haben wir das Zimmer betreten. Es verkriecht sich unter dem Tisch, hinter dem Stuhlbein und kann nicht mehr hervorgelockt werden. Sarah wimmert, sobald ich mich ihr nähere. Das ist kein Weinen, nur noch das Wimmern eines in Angst erstarrten Wesens, das leidet. Wie kann ein Mensch einen anderen so zerstören? Wie kann man einem Kind so etwas antun?

Der Großvater, das ist erst jetzt bekannt geworden, hat bereits seine beiden Töchter, die älteren Schwestern des Vaters, sexuell missbraucht, als diese noch Kinder waren. Doch darüber wurde nie gesprochen Jetzt endlich versteht der Bruder, warum seine beiden Schwestern so früh von zu Hause weggezogen sind, möglichst weit fort, und so selten zurückkommen. Und die Großmutter? Sie wusste darum, sie hat einfach weggesehen und nichts gesagt. All die Jahre, bei seinen Schwestern, und jetzt, bei seiner kleinen Tochter. Der Großvater hat sie misshandelt, gequält, mit den Händen, mit Fingern,

Aus-Weg

Tatort

mit Streichhölzern, alles wurde in die kleine Öffnung gesteckt, in die Scheide und in den After. Es hat geblutet, geschmerzt, er hat sich ergötzt an dem Leiden, an der Hilflosigkeit der Vierjährigen. Wie ist so etwas nur möglich? Sarah wollte nicht mehr dahin, hat sich gewehrt, so gut sie konnte. Aber die Eltern haben sie nicht verstanden, sie konnten das Verhalten nicht deuten. Und Sarah hat sich nicht getraut zu sprechen. Zu schlimm waren die Drohungen des Großvaters. Die Schreie in der Nacht, die Albträume. Und immer mehr zog sich das Mädchen zurück. Es verweigerte sich, beim Spielen, im Kindergarten, nichts ist mehr von seiner früheren Fröhlichkeit geblieben.

Die Mutter hat es endlich aufgedeckt. Sie hat das frische Blut gesehen, die Schmerzen der Kleinen beim Stuhlgang bemerkt und dann die Verletzungen am Darmausgang erkannt. Darauf hat sie den Großvater in Verdacht gehabt und heimlich beobachtet, wie er die Kleine „wickelt", obwohl sie schon lange keine Windeln mehr trägt.

Die Großmutter, zur Rede gestellt von ihrem Sohn, gab zu, schon lange etwas geahnt zu haben. Sie habe jeweils die Türe zum Nebenzimmer etwas offen gelassen, damit sie eingreifen könne, wenn er zu weit gehen würde. Wie weit ist denn zu weit? Was wollte sie kontrollieren? Und bei ihren eigenen Töchtern? Auch das habe sie geahnt, aber „was soll man denn machen?", diese Frage war die einzige Reaktion, die sie zur Verfügung hatte.

Eine Untersuchung von Sarah ist dringend nötig zum Ausschluss von inneren Verletzungen. Dies ist aber nur in einer kurzen Narkose möglich. Ein Kind soll niemals zur Untersuchung gezwungen werden, eine Retraumatisierung muss unbedingt vermieden werden. Daher wird die Untersuchung im Kinderspital in Narkose durchgeführt. Zum Glück konnten dabei innere Verletzungen ausgeschlossen werden.

Ein weiter Weg liegt vor dieser jungen Familie, zurück in ein normales Leben, angstfrei, kindgerecht, vertrauensvoll. Eine große Aufgabe, tiefe seelische Wunden müssen heilen. Ich wünsche der Familie viel Kraft und Mut, eine tragfähige Beziehung der Eltern und den Segen des Vergessens für Sarah.

Engelchen

Zwischen den Kulturen gestrandet

Eine ganz andere Geschichte bringt Fatima zu mir. Sie wird von der Opferberatungsstelle angemeldet und zur Untersuchung begleitet. Die Eltern dürfen davon nichts erfahren, die Kosten der Untersuchung übernimmt die Opferberatung.

Fatima ist 16 Jahre alt, die Jüngste von drei Kindern. Ihre Familie stammt aus dem mittleren Osten. Fatima ist eine gute Schülerin, sie möchte später studieren und anders leben als ihre Eltern. Sie ist sportlich und versucht, sich freier zu bewegen, als es in ihrer Kultur üblich ist. Abends, auf dem Heimweg nach einer Sportveranstaltung, wird sie, wie sie erzählt, von zwei Unbekannten in ein Auto gezerrt, an einem ihr unbekannten Ort in eine Wohnung geschleppt und mehrfach vergewaltigt. Danach wird sie im Eingangsflur liegen gelassen, blutend. Sie schleppt sich auf die Straße, bricht vor einer Diskothek zusammen. Der Türaufpasser holt die Sanitäter, diese bringen sie in ein Krankenhaus.

Ihre größte Angst ist, dass die Eltern etwas davon erfahren. Sie verweigert die Aussage, lehnt die Untersuchung ab. Fatima erzählt den Ärzten, sie habe ihre Menstruation bekommen, daher das Blut, und sie hätte so Bauchschmerzen bekommen, dass sie zusammengebrochen sei.

Theorie

Gewalt gegen Frauen – in verschiedenen Kulturen

In der Gesellschaft, aus der Fatima stammt, verliert ein Mädchen, das vor der Ehe Verkehr hatte, jede Achtung, jedes Recht. Sie wird von zu Hause verstoßen, egal, ob sie den Verkehr freiwillig eingegangen ist oder vergewaltigt wurde. Eine vergewaltigte Frau hat keine Chance mehr auf

Ab-Schnitt

ein würdiges Leben, sie wird verstoßen und geächtet. Neben dem Schmerz und der Schande wird auch die Zukunft des Mädchens zerstört, wenn die Familie davon erfährt. So behalten die Frauen das Erlebnis für sich, und das Unrecht wird nicht gesühnt. Mit der Immigration von Menschen aus diesen Kulturen muss sich unsere Gesellschaft auch mit diesen Fragen befassen, wie das Recht und die körperliche Sicherheit dieser Mädchen und Frauen geschützt werden kann.

Fatima erzählt niemandem vom Erlebten, aber sie bricht in ihrem Lebensweg ein. In der Schule kann sie sich nicht mehr konzentrieren, die Noten werden schlechter. Sie hat immer wieder Bauchschmerzen, kann nicht mehr essen und leidet an Schlafstörungen. Mehrmalige Arztbesuche bleiben ohne Erfolg, man findet keine Ursache für die Beschwerden. Dann, nach einem halben Jahr, erleidet sie in der Schule einen Nervenzusammenbruch. Der Lehrer, der das Mädchen gut kennt, redet mit ihr und möchte wissen, was zu dieser Veränderung geführt hat. Nun kann sie es nicht mehr verheimlichen und vertraut sich ihm an. Er bespricht mit ihr die Möglichkeiten und vermittelt sie der Opferberatung. So kommt Fatima zu mir und erzählt mir diese Geschichte.

Zuerst traue ich ihren Aussagen nicht ganz, die Geschichte erscheint mir zu brutal, um sich wirklich so ereignet zu haben. Fatima hat gelernt, andere zu täuschen. Erst als ich die Unterlagen des Krankenhauses sehe, bestätigt sich, dass sie dort behandelt wurde, dass die Ärzte wegen der Blutung ein sexuelles Gewaltverbrechen vermuteten, das Mädchen damals aber jede Aussage sowie die frauenärztliche Untersuchung verweigerte. Leider hat man sie damals einfach wieder entlassen, ohne den Kinderschutz einzubeziehen. Nicht einmal der Hausarzt wurde informiert. Dies wäre aber sehr wichtig gewesen, für Fatima, aber auch für die Möglichkeit einer späteren Anzeige.

Und nun ist sie bei mir, sie möchte sich untersuchen lassen. Sie möchte wissen, warum sie diese Bauchschmerzen hat, und sicher sein, dass sie nicht an einer Infektionskrankheit leidet. Und dann äußert sie ihren großen Wunsch, sie möchte „wieder Jungfrau werden".

Fatima lebt zwischen den Kulturen. Einerseits hat sie sich schon weit von ihren Eltern entfernt, belügt sie, um eine gewisse Freiheit zu behalten, anderseits möchte sie wieder „Jungfrau" werden, möchte eine Operation machen, um wieder, wie sie meint, hergestellt zu sein, ganz zu werden. Sie fühlt sich zerrissen. Sie hat von einer Operation gehört, mit der das Jungfernhäutchen wieder enger genäht werde und worüber unter den Frauen aus ihrem Kulturkreis öfters diskutiert werde.

Theorie

Mythos Jungfernhäutchen

Dem sogenannten Jungfernhäutchen wird eine große Bedeutung beigemessen. Dies beruht aber auf einem Irrtum. Das Jungfernhäutchen, in der medizinischen Fachsprache Hymen genannt, ist eine anatomische Struktur, die sehr unterschiedlich ausgebildet sein kann. Anatomisch gesehen ist dies der Rand des Scheideneingangs, der sich als kleiner Wall oder gelappte Struktur in unterschiedlicher Form zeigt. Es ist keine geschlossene Haut, obwohl das viele meinen. Die Scheidenöffnung ist je nach Form und Dicke des Hymens unterschiedlich groß und kann verschiedene Formen haben. Eine Öffnung muss aber immer vorhanden sein: Spätestens wenn die erste Menstruation einsetzt, muss das Blut abfließen können.

Das Jungfernhäutchen verändert sich mit der Pubertät und der Wirkung der weiblichen Hormone. Beim Kind ist es dünn, fast durchschimmernd und scharfrandig, mit der Pubertät wird es weich und dehnbar. Dank dieser Dehnbarkeit kann ein Tampon problemlos eingeführt werden, und oft wird das Hymen auch beim ersten Geschlechtsverkehr einfach gedehnt, ohne dass etwas reißt oder blutet. Bei mindestens der Hälfte der jungen Frauen, die noch nicht Geschlechtsverkehr hatten, blutet es nicht beim ersten Mal. Es ist also eine leider weitverbreitete Irrmeinung, dass eine Jungfrau beim ersten Mal bluten müsse oder dass man anhand der Form des Jungfernhäutchens über das sexuelle Verhalten einer Frau Auskunft geben könne. Viele Frauen, vor allem aus anderen Kulturkreisen, leiden unter diesem künstlich erzeugten Problem: Sie müssten in der Hochzeitsnacht bluten, um ihre Jungfräulichkeit zu beweisen, obwohl sie von der anatomischen Anlage her gar nicht bluten können, da die Öffnung des Häutchens einfach von Natur aus genügend groß und dehnbar ist. Die Frauen aus diesen Kulturen stehen unter einem Generalverdacht: Ein Tröpfchen Blut auf dem Bettlaken hat mehr Gewicht als die Aussage einer Frau. Dies ist nicht nur beschämend und erniedrigend, es ist medizinisch gesehen auch noch völlig unsinnig. Es wird aber wohl noch viele Jahre dauern, bis sich die Menschen aus diesen Irrtümern befreit haben werden.

Vorehelicher Sex wird als negativ angesehen, als verboten, aber nur für Frauen. Männer haben einen Freipass, dem Mann kann ja nichts bewiesen werden; im Gegenteil, der Mann ist oft stolz auf seine vorehelichen sexuellen Erfahrungen. Dass er dafür aber eine Frau in große Schwierigkeiten gebracht hat, die er dann nicht heiratet, spielt für ihn vielleicht keine Rolle. Für die betroffene Frau jedoch schon. Manchmal wenden sich sitzengelassene Frauen an die Gynäkologin oder den Gynäkologen mit der Bitte, das Jungfernhäutchen zu operieren, den Eingang wieder zu verengen. Die Operation soll dazu führen, dass es in der Hochzeitsnacht blutet. Damit ist die Frau doppelt bestraft, sie unterzieht sich einer Operation mit Narkose, und sie bezahlt dafür auch noch viel Geld, womit sie letztlich mithilft, den Irrtum vom Jungfernhäutchen aufrechtzuerhalten.

Die Untersuchung verläuft problemlos, ein körperlicher Grund für die Bauchschmerzen kann nicht gefunden werden. Eine Anzeige lehnt die Jugendliche ab, zu sehr hat sie Angst vor den Konsequenzen, dass sie aus der Familie verstoßen werden könnte.

Ich bespreche die Situation anonym in der Kinderschutzgruppe. Es besteht die Möglichkeit einer Anzeige durch die Kinderschutzgruppe, aber ohne Aussagen des Mädchens bestehen keine Chancen, die Täter zu finden. Sie zu einer Aussage zu bewegen, könnte hingegen wirklich gefährlich für sie werden, wenn die Familie davon erfahren würde. Daher überlegen wir, wie Fatima am besten unterstützt werden könnte.

Aufgrund der chronischen Bauchschmerzen und Essprobleme kann eine psychologische Beratung im Einverständnis mit der Mutter eingeleitet werden. Das Gefühl der körperlichen Zerrissenheit tritt zurück, je mehr es Fatima gelingt, wieder ihren Weg zu gehen und ihre Ziele zu verfolgen. Ich habe Fatima erklärt, dass ihr Körpergefühl nicht von der Anatomie abhängig ist und nicht mit einer Operation hergestellt werden kann.

In der Zwischenzeit ist Fatima 17-jährig, sie hat sich verliebt und mit ihrem Freund, wie sie sagt, über das damalige Ereignis gesprochen. Die Möglichkeit eines operativen Eingriffs möchte sie hinausschieben und eventuell vor der Hochzeit durchführen lassen.

dazwischen

Der lange Schatten

Stefanie kommt aus der psychiatrischen Klinik zu mir zur Untersuchung. Seit vier Jahren ist die nun 18-Jährige stationär in psychiatrischer Behandlung. Auf dem Überweisungsschreiben steht die Diagnose „Borderline-Störung mit Selbstverletzung und Fremdaggression". Stefanie ist schwer ansprechbar, sie wirkt wie in einer anderen Welt. Dazu tragen auch die Medikamente bei, die sie einnehmen muss. Ihr Blick ist unruhig, sie berichtet von Schmerzen im Bauch, im Kopf, in der Brust. Dann sehe ich ihre Arme: Ober- und Unterarme zerschnitten, überall geritzt, auch tiefe Schnitte am Handgelenk. Es sind Zeugen früherer Suizidversuche. Aber auch kreisförmige Narben, verursacht durch glühende Zigaretten. Ähnlich sehen die Beine aus, sogar der Bauch ist voller Narben. Stefanie erklärt mir, dass sie sich nur so noch irgendwie spüren könne, durch den sich zugefügten Schmerz.

Ich bin sehr betroffen über ihren Zustand und frage sie, wie es dazu gekommen sei. Bei der ersten Konsultation möchte Stefanie nichts erzählen, und ich konzentriere mich auf die Untersuchung. Dabei ist mir besonders wichtig, dass Stefanie jeden Schritt, jede Berührung, die ich vornehme, versteht und dass sie keine Schmerzen hat. Sie hat die Entscheidung über ihren Körper, ich werde sie zu nichts zwingen. So kann ich bei unserer ersten Begegnung nur den Bauch abtasten. Bei der zweiten Kontrolle darf ich die Brust und das äußere Genitale sehen. Beim dritten Termin geht es Stefanie deutlich besser, sie ist wacher und entschlossen, die normale gynäkologische Untersuchung durchführen zu lassen. Sie braucht viel Überwindung, aber dann kann ich sie problemlos untersuchen. Medizinisch gesehen ist alles unauf-

zerschnitten

fällig, eine Ursache der Beschwerden im Bauch kann nicht gefunden werden. Auch die Ultraschalluntersuchung ist unauffällig.

Und dann erzählt sie mir ihre Geschichte.

Es war ihr älterer Bruder. Seit sie sich zurückerinnern kann, kam er abends immer wieder zu ihr ins Bett. Die Eltern wussten nichts davon, die Eltern sprachen wenig mit ihren Kindern. Stefanie hätte aber auch nichts gesagt, sie liebte ihren Bruder, war stolz, dass er sie gerne hatte. Zuerst musste sie ihn nur streicheln, je älter er wurde, desto mehr wollte er von ihr. Er drang in sie ein, tat ihr weh, immer wieder. Sie wollte das nicht und bat ihn, aufzuhören, und er versprach es. Es war immer „das letzte Mal“, aber er kam immer wieder. Sie war alleine, ekelte sich vor sich selber, wusste nicht, was mit ihrem Körper geschah, als sie in die Pubertät kam. Plötzlich kam Blut, die Menstruation, doch das hatte ihr niemand erklärt. Sie dachte, das sei eine Strafe für das, was der Bruder mit ihr machte. Sie entwickelte einen Waschzwang. Dann kam das Ritzen dazu und schließlich, mit 14 Jahren, nach einem Suizidversuch, die Hospitalisation in einer psychiatrischen Klinik.

Theorie

Selbstverletzungen

Häufig sind es junge Frauen zwischen 13 und 20 Jahren, die sich ihre psychischen Schmerzen mit physischer Gewalt gegen den eigenen Körper erfassbar und damit erträglicher machen wollen. Sie tritt in unterschiedlichen Schweregraden auf, von oberflächlichem Ritzen bis zu tiefen und gefährlichen Wunden.

Meist dient Selbstverletzung (Schneiden, Brennen, Schlagen etc.) zur Beruhigung von enormen inneren Spannungszuständen oder Dissoziationsphänomenen. Es ist ein Versuch, das unerträgliche Gefühl des Ausgeliefertseins und der Gefühllosigkeit sowie die Angst vor einem völligen Kontrollverlust zu mildern. Diese Symptome kommen häufig bei Missbrauchsopfern vor, können aber auch andere psychische Leiden begleiten.

Manchmal wird Selbstverletzung auch als Kommunikationsversuch zur Außenwelt „eingesetzt“, um psychisches Leiden auszudrücken. Dabei geht es um die Darstellung der erlittenen Traumatisierung in der Hoffnung, dass andere auf diesen Akt der Verzweiflung eingehen mögen. Die Selbstverletzung ist dann ein Hilferuf, der aber aufgrund des manipulati-

ven Charakters von der Umwelt häufig missverstanden und falsch be-
antwortet wird.

Selbstverletzungen können, vermutlich ausgelöst durch neurophysiolo-
gische Prozesse, psychisch oder auch physisch zu einem Suchtverhalten
führen. Die Symptome müssen daher sehr ernst genommen und die Betroffenen frühzeitig einer Therapie zugeführt werden, da sich das Verlan-
gen nach Schmerz steigern kann und zu immer gefährlicheren Verletzungen führt.

Stefanie wird immer wieder von Gefühlen überwältigt. Sie kann diese
nicht steuern und fühlt sich ihnen ausgeliefert. Manchmal überkommt
sie eine derart große Wut, dass sie aggressiv gegen ihre ganze Umgebung handelt. Danach zerfleischt sie sich mit Selbstvorwürfen,
Schuldgefühlen, und aus dem Ekel vor sich selber wächst der Zwang
zur Schmerzzufügung. Es sind oft kleine Gegebenheiten, die den
Stimmungsumschwung auslösen.

Jetzt kann sie ihre Gefühle formulieren. Sie sieht das Reaktions-
muster ganz klar vor sich, auch den Weg, der aus dem Teufelskreis he-
rausführt. Sie möchte daran arbeiten, den Auslöser verstehen und
rechtzeitig anders reagieren.

In den folgenden Jahren sehe ich Stefanie in verschiedenen Le-
bensphasen, inzwischen lebt sie in einer eigenen Wohnung und hat
eine ambulante Betreuung. Sie geht verschiedene Beziehungen ein,
und es gelingt ihr, in einer geschützten Werkstatt zu arbeiten. Es geht
auf und ab, die Wunden schließen sich, werden zu Narben, dann kommen aber wieder frische Verletzungen dazu. Zwischenzeitlich wird sie
wieder stationär aufgenommen, um sich nach einer Trennung zu beruhigen. Aber sie gibt nicht auf, sie hat ein Ziel. Ich hoffe, dass sie einmal einen Zugang zu ihrem Körper finden wird, ohne sich Schmerzen
zuzufügen, oder gar einmal Freude und Stolz sich selbst gegenüber
empfinden kann.

m Netz

Digitale Gewalt

Anastasia erscheint in meiner Sprechstunde in Begleitung einer Schulsozialarbeiterin. Sie wurde lediglich für eine gynäkologische Kontrolle angemeldet.

Die 14-Jährige wirkt sehr verschlossen, abgestumpft, als ich sie das erste Mal sehe. Sie erzählt ohne innere Regung, wie sie seit einem Jahr von einer Gruppe von Gleichaltrigen regelmäßig zu sexuellen Handlungen gezwungen würde. Es fällt ihr schwer, Genaueres zu erzählen. Die Jungs, alle zwischen 13 und 15 Jahren, seien eine Clique, die mehrere Mädchen in ihrer Gewalt hätten. Sie träfen sich an wenig besuchten Orten, bei Anastasia sei dies der Friedhof. Dort müsse sie sich im Wärterhäuschen ausziehen und die Jungs in allen unterschiedlichen Stellungen befriedigen. Dabei werde sie gezwungen, Geräusche zu machen, als ob sie es geniessen würde. Die Jungs würden sie so mit dem Handy filmen und sie damit erpressen. Wenn sie sich weigere, zu tun, was von ihr verlangt würde, drohen die Jungs, die Videos ihren Eltern zu zeigen oder auf Youtube zu stellen. Die Bilder würden beweisen, dass das Mädchen dies ja so wolle, dass es ihm Freude mache, sodass niemand ihm glauben würde.

Anastasia werde auch geschlagen, gedemütigt und gezwungen, Geld zu stehlen. Sie sei nicht das einzige Mädchen, das so behandelt würde, sie kenne die Handynummer eines anderen Mädchens in der gleichen Situation.

Ich bin entsetzt über diese Geschichte, ich kann kaum glauben, dass ein 14-jähriges Mädchen mir so etwas Schreckliches erzählt. Die Schulsozialarbeiterin zeigt auf diesen Bericht hingegen keine Regung.

Lichtblick

Auf die Frage, warum sie sich nicht gewehrt habe, erzählt mir Anastasia, dass die Jungs gedroht haben, ihre kleine, elfjährige Schwester dranzunehmen, wenn sie irgendjemandem etwas sage. Damit hatten sie Anastasia in der Hand. Diese Jungs, meint Anastasia, würden sich nur Mädchen nehmen, die aus Kulturen kommen, in denen Eltern Sexualität verbieten und die Kinder nicht mit den Eltern darüber reden könnten. Das sei dann das ideale Druckmittel: „Wenn du jemandem etwas sagst, reden wir mit deinen Eltern". Dennoch habe Anastasia mit der Schulsozialarbeiterin geredet, und das schon vor einem Jahr! Die Schulsozialarbeiterin sitzt neben mir und zeigt auch jetzt keine Regung. Ich frage sie, warum sie nicht reagiert habe. Sie erklärt, sie habe gemeint, einer der Jungs habe Anastasia gefallen, sie habe gedacht, Anastasia sei etwas verliebt und wolle das vielleicht auch. Erst jetzt, nachdem Anastasia nicht mehr in die Schule gekommen sei und die Lehrerin mit den Eltern gesprochen habe, sei sie beauftragt worden, etwas zu unternehmen. Das Mädchen wurde also über ein Jahr wissentlich in dieser schrecklichen Situation alleingelassen.

Auf die Frage, warum sie jetzt zu mir kommen, berichtet Anastasia, dass die Schulsozialarbeiterin wissen wolle, ob sie noch „Jungfrau" sei. Die Abklärung wäre auch wegen ihren Eltern wichtig, um mit diesen zu sprechen.

So muss ich zuerst einmal erklären, worum es bei einer kindergynäkologischen Untersuchung geht und dass „Jungfräulichkeit" nicht durch die Anatomie, sondern durch die persönliche Geschichte bedingt ist. Wenn der Bericht von Anastasia stimmt, dann wurde sie ja mehrfach sexuell vergewaltigt, da kann man nicht mehr von jungfräulich sprechen, ganz unabhängig davon, wie der Scheideneingang aussieht.

In der Gesamtsituation von Anastasia geht es aber um eine Strafanzeige, um Beweismittel und Dokumentation des Befundes. Dafür ist die Untersuchung wichtig. Ebenso müssen sexuell übertragbare Infektionen ausgeschlossen werden. Und vor allem sollte die Untersuchung Anastasia helfen, wieder einen Zugang zu ihrem Körper, zu ihrem Intimbereich zu finden und ihr vermitteln, dass sie okay ist.

zerwürfelt

Theorie

Sexuell übertragbare Infektionen (STI)

Es gibt viele verschiedene Keime, die bei sexuellen Berührungen übertragen werden können. Einige sind fast ausschließlich durch den Geschlechtsverkehr übertragbar und daher, bei entsprechendem Erlebnis, beweisend für eine sexuelle Tat. Diese werden bei sexueller Gewalt untersucht und müssen ausgeschlossen werden, da sie für die Gesundheit gefährlich sind.

Viele andere Keime können aber auch durch eine bloße Berührung übertragen werden, sodass deren Nachweis lediglich ein Hinweis, kein Beweis für sexuelle Gewalt darstellt.

Einige Infektionen werden durch einen Abstrich im Genitalbereich, andere durch eine Blutuntersuchung gesucht. Wenn immer möglich, sollte der Täter untersucht werden, um bei ihm die Infektion auszuschließen, aber dieser ist meistens nicht bekannt oder noch nicht gefasst. Daher wird das Opfer untersucht, um es vor einer möglichen Infektion rechtzeitig zu schützen oder eine Erkrankung zu erkennen und zu behandeln.

Hier werden die wichtigsten Infektionen vorgestellt.

Chlamydieninfektion, Infektion mit Chlamydia trachomatis
Die Infektion mit Chlamydien ist die häufigste bakterielle Infektion der STI. Leider steigen die Infektionsraten stark an, vor allem bei jungen Menschen. Die Chlamydieninfektion kann schwerwiegende Folgen haben, sie kann in die Gebärmutter aufsteigen und zu Entzündungen im Unterleib mit Vereiterung und Verklebung der Eileiter führen. Oft ist sie symptomlos, was bedeutet, dass man von der Infektion nichts spürt. Eine Infektion kann aber mit der Abstrichuntersuchung festgestellt und mit Antibiotika behandelt werden.

Gonorrhoe, Tripper, die Infektion mit Gonokokken
Die Zahl der Neuinfektionen mit Gonorrhoe ist, wie bei vielen anderen Geschlechtskrankheiten, ansteigend, auch bei jungen Menschen. Die Gonorrhoe ist eine ernsthafte Erkrankung, die ähnlich wie die Chlamydieninfektion zur Vereiterung des kleinen Beckens und Verklebung der Eileiter führen kann. Oft geht sie mit akuten Bauchschmerzen, manchmal auch Entzündungen außerhalb des Bauches, einher, sie kann aber auch ohne Symptome vorkommen. Deshalb muss bei sexueller Gewalt immer auch eine Abstrichkontrolle für Gonokokken durchgeführt werden.

Durch eine Blutuntersuchung sollten folgende Infektionen ausgeschlossen werden:

HIV, Aids
Das HI-Virus, das die Erkrankung Aids verursacht, wird ebenfalls sexuell übertragen, aber auch durch Blut und andere Körperflüssigkeiten. Bei einer sexuellen Gewalttat wird möglichst rasch die Blutuntersuchung beim Täter vorgenommen. Ist dieser HIV-positiv, können dem Opfer Medikamente zum Schutz vor der Übertragung des Virus gegeben werden, die sogenannte Postexpositionsprophylaxe. Diese Maßnahme muss aber möglichst rasch, innerhalb weniger Stunden nach dem Kontakt erfolgen. Daher ist es entscheidend, dass sich einerseits das Opfer unmittelbar nach der Tat untersuchen lässt und dass der Täter anderseits rasch gefasst und getestet wird. Ist er HIV-negativ, muss auch keine Prophylaxe durchgeführt werden.
Wenn der HIV-Status des Täters unbekannt ist, wie in den meisten Fällen, muss man das Risiko einer möglichen Übertragung von HIV gegen die Nebenwirkungen der Medikamente abwägen. Oft entscheidet sich die Patientin dann für die Prophylaxe mit Medikamenten, um das Risiko möglichst gering zu halten. Bei Kindern ist man mit der Präventivbehandlung wegen der möglichen Nebenwirkungen und der geringen Wahrscheinlichkeit einer Übertragung sehr zurückhaltend. Ist der Täter aber HIV-positiv, sollte die Prophylaxe dennoch durchgeführt werden. Eine mögliche Neuinfektion kann erst nach mehreren Wochen festgestellt werden, daher wird die Blutuntersuchung nach einigen Wochen und erneut nach drei Monaten wiederholt.

Lues (Syphilis)
Die Syphilis ist eine altbekannte Infektionskrankheit, die durch Bakterien beim sexuellen Kontakt übertragen wird. Es handelt sich um eine schwere Erkrankung, die unbehandelt bis zum Tod führen kann. Auch diese Infektionskrankheit nimmt weltweit und auch in der Schweiz wieder zu und muss bei sexueller Gewalt ausgeschlossen werden. In frühen Stadien kann Syphilis einfach medikamentös geheilt werden.

Hepatitis B
Hepatitis-B-Viren können nicht nur durch den Geschlechtsverkehr, sondern auch durch Blutkontakt übertragen werden und sind weit verbreitet. Dank der Impfung sind die Neuinfektionen bei Jugendlichen stark zurückgegangen. Falls ein Risikokontakt stattgefunden hat, kann innerhalb von 72 Stunden danach eine passive Impfung durchgeführt werden, um vor einer Infektion zu schützen. Die passive Impfung ist nur notwendig, falls das Opfer noch nicht aktiv geimpft worden ist. Die Hepati-

tis-B-Impfung wird heute allen Jugendlichen empfohlen, aber leider sind nur ca. 50% der Jugendlichen in der Schweiz auch geimpft. Daher wird nach einer Risikosituation das Blut untersucht, um rasch zu erkennen, ob eine passive Impfung notwendig ist.

Hepatitis C
Das Hepatitis-C-Virus (HCV) kann sexuell übertragen werden, aber nicht ausschließlich. Da es sich um eine gefährliche Erkrankung handelt, wird nach sexueller Gewalt das Blut auf eine Infektion untersucht.

Da Anastasia nur für eine normale gynäkologische Kontrolle angemeldet wurde und ich nur 30 Minuten Zeit habe, vereinbaren wir einen baldigen neuen Termin für die körperliche Untersuchung. Ich erkläre ihr, die Kinderschutzgruppe zu informieren und in ihrem Einverständnis die Polizei zu verständigen. Sie ist mit einer Anzeige einverstanden und zu einer Aussage bereit. Mit der Sozialarbeiterin wird vereinbart, sie sofort zur Opferberatung zu begleiten, die ihren Schutz sicherstellen muss.

Ich kontaktiere die Kinderschutzgruppe und dann geht es sehr schnell. Die Staatsanwaltschaft wird involviert, die Jungs werden verhört, die sogar ihre Handys mitbringen mit dem angeblichen „Beweis", dass die Mädchen freiwillig mitmachen würden. Es bestätigt sich alles, was Anastasia erzählt hat. Auch das von Anastasia erwähnte zweite Mädchen, das in einer anderen Stadt lebt, wird kontaktiert und berichtet der Polizei eine ähnliche Geschichte.

Doch Anastasia und ihre Familie, vor allem auch die kleine Schwester, müssen in Sicherheit gebracht werden. Sie müssen sogar den Wohnort wechseln. Anastasia wird fremdplatziert, um sie vor jeglichem Kontakt mit den Jungs zu schützen. Bestraft wird also vor allem das Opfer, denn wir haben ein Täterschutzgesetz, kein Opferschutzgesetz, wie mir die Staatsanwaltschaft erklärt.

Nach einem halben Jahr sehe ich Anastasia wieder. Sie kommt mir aufrecht und selbstbewusst entgegen. Das erste Mal sehe ich sie lächeln. Sie konnte sich an ihrem neuen Ort gut einleben, obwohl sie ihre Familie sehr vermisst. Bald darf sie zurück, an den neuen Wohnort der Familie. Die Eltern haben ebenfalls viel Unterstützung erhalten, um mit dieser schwierigen Situation umzugehen, stehen aber jetzt zu ihrer Tochter. Anastasia bestätigt mir, dass sie sehr froh sei, bei der Polizei ausgesagt zu haben. Es war für sie ein sehr wichtiges Erlebnis, dass sie ernst genommen wurde und dass man ihr geglaubt hat. Sie hat an Selbstbewusstsein gewonnen, und sie weiß, dass sie ihre kleine Schwester und andere Mädchen damit geschützt hat.

Theorie

Zusammenarbeit mit Polizei und Staatsanwaltschaft

Für meine Arbeit als Ärztin erlebe ich die ärztliche Schweigepflicht als ein ganz hohes Gut. Mit der ärztlichen Schweigepflicht kann ich mit meiner Patientin einen Bund eingehen, die Patientin kann sich in sicheren Händen wissen und darauf zählen, dass nichts von dem, was sie mir anvertraut, ohne ihr Einverständnis an Dritte weitergegeben wird. Andererseits hat die ärztliche Schweigepflicht klare rechtliche Grenzen, wenn es um kriminelles Verhalten, um die Gefährdung der eigenen oder fremden Gesundheit oder um sexuelle Gewalt geht.

Wie muss man als Ärztin oder Arzt nun damit umgehen? Wie kann man im Fall eines Verdachts auf sexuellen Missbrauch das Vertrauen eines Mädchens oder einer Mutter gewinnen und sich dennoch rechtlich korrekt verhalten? Die Richtschnur, nach der ich mich richte, ist das offene Gespräch und das Bemühen, das Beste für meine Patientin zu tun. In der Gesetzgebung wird glücklicherweise der ärztlichen Einschätzung eine große Bedeutung beigemessen; es besteht ein Anzeigerecht, aber keine Anzeigepflicht. Es bleibt damit der Spielraum, sich zuerst ein Bild von der Gesamtsituation zu machen und das Einverständnis des Opfers mit einer Anzeige zu gewinnen oder auch von einer solchen abzusehen, wenn sich der Verdacht nicht erhärtet. Denn die Polizei muss bei Vorliegen einer Anzeige handeln: Der Verdächtige wird gesucht und befragt; je nach Situation folgen weitere Schritte, und auch das Opfer wird polizeilich befragt, was sehr belastend sein kann. Mit dem Verdacht darf daher nicht leichtfertig umgegangen werden, denn eine Anzeige kann viel Leid verursachen und ganze Familien zerstören.

Besonders schwierig einzuschätzen ist der Tatbestand bei Kindern in Scheidungssituationen, wenn die Eltern einen Beziehungskrieg um das Kind führen. Die Kinder geraten zwischen die Fronten und werden oft instrumentalisiert. Mütter können mit diesem schrecklichen Verdacht, der Kindsvater würde die Tochter sexuell missbrauchen, eine enorme Macht ausüben und den Kontakt zum Vater unterbinden. Für Väter, die zu Unrecht verdächtigt werden, sich an ihrer Tochter vergangen zu haben, bedeutet diese Anschuldigung oft die Zerstörung der Ehe und der

Vater-Tochter-Beziehung und zieht häufig auch berufliche und gesellschaftliche Konsequenzen nach sich. Es bedarf also einer sorgfältigen Einschätzung, bevor Behörden involviert werden.

Zeigt sich aber, wie bei den hier geschilderten Geschichten, ein deutlicher Hinweis auf sexuelle Gewalt, ist die Zusammenarbeit mit der Polizei und Staatsanwaltschaft unverzichtbar. Je nach Situation wird vom Opfer oder einem Angehörigen vorgängig eine Anzeige erstattet und das Mädchen danach zur Untersuchung zu mir geschickt, oft auch von einer Polizistin in Zivil begleitet. Diese Polizistinnen haben eine Spezialausbildung durchlaufen, um Mädchen und Frauen in solchen schwierigen Situationen zu unterstützen. Oft kann die Polizistin dann bereits eine Beziehung zum Opfer aufbauen und beruhigend einwirken. Bei einem kleinen Mädchen, einem Opfer von sexuellem Missbrauch in der Familie, habe ich erlebt, dass es sich für die Untersuchung lieber der Polizistin als der Mutter auf den Schoß setzen wollte. Das Vertrauen zur Mutter war so stark erschüttert, dass sich das Kind in kurzer Zeit lieber der Polizistin anvertraute. Ich habe Mädchen erlebt, die ängstlich und bedrückt zur Befragung gehen, nach der Aussage aber selbstbewusster und mit innerer Sicherheit auftreten. Die Aussage hat ihnen geholfen, ein Gefühl für das Unrecht, das ihnen angetan wurde, zu entwickeln, sich davon zu distanzieren und mitzuhelfen, weitere solche Taten zu verhindern, indem sie Hand bieten, den Täter zu fassen.

Die Staatsanwaltschaft ist immer involviert, wenn es um eine Anzeige wegen sexueller Gewalt geht. Öfters werden mir von der Staatsanwaltschaft Mädchen zur Untersuchung geschickt und Fragen zur vermuteten Tat oder deren Auswirkungen auf die Gesundheit gestellt. Schwierige Fälle werden gelegentlich auch direkt besprochen, sodass ich die Befunde erklären kann. Die Staatsanwaltschaft gibt auch den Auftrag zur forensischen Analyse der Spurensicherung und erhält die Resultate. Die behandelnde Ärztin führt dann den Auftrag der Staatsanwaltschaft aus; eine sorgfältige Dokumentation der Befunde, gegebenenfalls auch eine Fotodokumentation und Berichte mit der Bewertung der Untersuchungsresultate sind manchmal entscheidend für die Überführung und Verurteilung eines Täters.

Liegend zerstört

Maria ist eine hübsche 17-jährige Frau. Auf dem Heimweg nach dem Training wird sie von einem Unbekannten überfallen, ins Gebüsch gezerrt und vergewaltigt. Dann lässt er sie liegen, mit zerfetzten Kleidern, blutverschmiert. Sie schleppt sich nach Hause und wird von der Mutter zur Notaufnahme im Spital gebracht. Die Untersuchung bestätigt die frischen Verletzungen, Spermaspuren werden sichergestellt und analysiert, worauf der Täter gefasst und überführt werden kann.

Theorie

Spurensicherung

Bei einer Spurensicherung hat der untersuchende Arzt den Auftrag, Spuren einer möglichen Gewalteinwirkung und Hinweise auf den Täter zu sichern. Auftraggeber ist die Staatsanwaltschaft oder die Kriminalpolizei, die die Informationen dann der Staatsanwaltschaft zur Verfügung stellt. Eine Spurensicherung kann auch durch den Arzt vorgenommen werden, wenn er Verdacht auf eine Gewalteinwirkung hat, aber die Betroffene noch keine Anzeige erhoben hat oder dies auch nicht wünscht. Dann können die Asservate, also die Proben, die genommen wurden, für eine spätere etwaige Untersuchung gesichert werden und bleiben für sechs oder zwölf Monate sicher aufbewahrt. Bis zum Ablauf dieser Zeit muss entweder ein Untersuchungsauftrag erfolgen oder die Proben werden anschließend entsorgt.

Die Spurensicherung beginnt, wie jede ärztliche Kontrolle, mit einem Gespräch. Als untersuchende Ärztin muss ich möglichst genau wissen, was vorgefallen ist, um die richtigen Proben zu nehmen. Das ist für die betroffenen Kinder oder Jugendliche oft sehr belastend, da sie mir die ganze schmerzhafte Geschichte erzählen müssen, auch die Details. Hingegen

zerlegt

benötige ich keine genauen Angaben über den Täter, da ich ja keine Anklage erhebe. Ich führe daher keine Befragung durch und versuche, keine direktiven Fragen zu stellen, sondern nur das entgegenzunehmen, was das Mädchen oder die Begleitperson von sich aus erzählt. Es sollte unbedingt vermieden werden, ein Kind durch Fragen zu beeinflussen, vor allem bevor eine Aussage bei der Polizei gemacht wurde.

Die zeitliche begrenzte Spurenfindung
Für erwachsene Personen gilt, dass Spuren, vor allem Sperma, während 72 Stunden auf oder im Körper nachgewiesen werden können; je früher nach dem Übergriff, desto höher ist die Chance, Spuren zu finden. Auch die Kleider können helfen, Spuren nachzuweisen, und sollten daher direkt nach der Tat korrekt asserviert werden.
Bei Kindern geht es oft noch rascher, dass Spuren verschwinden; meist sind bereits nach neun Stunden keine Spuren mehr zu finden. Nach einem konkreten Übergriff ist es daher sehr wichtig, das Kind möglichst bald zu untersuchen, um mögliche Beweise zu finden. Ist der Übergriff schon länger als drei Tage her, können keine Spermaspuren oder DNA mehr gefunden werden. Diese Frist ist bei einem chronischen Missbrauch, wie er leider häufig bei Kindern vorkommt, bis zur Anzeige oft schon abgelaufen. Dann steht die kindergynäkologische Untersuchung im Vordergrund, die möglichst in den normalen Tagesablauf integriert werden soll, um in aller Ruhe zuerst das Vertrauen zum Kind aufzubauen.

Ablauf der Spurensicherung
Zuerst wird das Opfer von Kopf bis Fuß angeschaut und auf Zeichen der Gewalteinwirkung untersucht. Alle sichtbaren Spuren werden fotodokumentiert und beschrieben. Für die forensische Analyse der möglichen Spuren gibt es eine durch die Gerichtsmedizin zusammengestellte Box mit verschiedenen Proben und Behälter. Wichtig ist die exakte Beschriftung jeder einzelnen Probe mit Namen, Zeitpunkt und Entnahmeort. Von allen Stellen, wo möglicherweise Sekret vom Täter gefunden werden kann, werden Abstriche genommen, indem mit dem Watteträger darübergestrichen wird. An trockenen Stellen, wie der Haut, befeuchtet man den Watteträger mit etwas Wasser. Manchmal muss auch etwas Blut abgenommen oder Urin untersucht werden, wenn Verdacht besteht, dass Drogen oder andere Gifte im Spiel waren. Das ist leider gerade bei Jugendlichen immer wieder der Fall. Wenn alle Proben abgenommen und die Befunde dokumentiert sind, wird die Box versiegelt und an das entsprechende Zentrum zur direkten Analyse oder zur Aufbewahrung geschickt.

Es wird immer auch eine Kontrolle für sexuell übertragbare Infektionen durchgeführt, dies ist nicht nur als Beweismittel, sondern vor allem für die Gesundheit des Opfers wichtig.

Ich sehe Maria zwei Wochen nach dem Übergriff zum ersten Mal zur Kontrolluntersuchung. Diese zweite Untersuchung ist nötig, um mögliche Infektionen, die sich erst nach einiger Zeit nachweisen lassen wie z.b. HIV, Chlamydien und Gonokokken, auszuschließen. Maria kommt in Begleitung der Mutter. Beide sind sehr gepflegte Frauen, nett, höflich, zurückhaltend. Maria ist eine gute Schülerin, die älteste von drei Kindern. Die Eltern stammen aus dem früheren Jugoslawien, sind gut integriert, alle drei Kinder wurden in der Schweiz geboren.

Das, was geschehen ist, ist nicht nur für Maria, sondern für die ganze Familie eine Katastrophe. Eine Welt ist zusammengebrochen. Die Sicherheit, die Bewegungsfreiheit, die körperliche Unversehrtheit, die Jungfräulichkeit sind zerstört. Sie können kaum darüber reden. Unabhängig davon, ob der Mann inhaftiert wird oder nicht, ob er verurteilt wird oder nicht, das frühere Leben von Maria kommt nicht mehr zurück.

Ich bespreche mit Mutter und Tochter die Untersuchung, erkläre ihr, dass sie keine Schmerzen erleiden muss, dass ich nur eine kurze Berührung mit dünnen Watteträgern zur Abstrichentnahme durchführe. Maria setzt sich auf den Untersuchungsstuhl und beginnt, bevor ich sie berühre, am ganzen Körper zu zittern und zu schluchzen. Dann geht es über in ein Schreien, sie gerät ganz außer sich. Auch die Mutter beginnt zu weinen, es ist schrecklich. Die Erinnerung an das Geschehene ist so übermächtig, der Schmerz so tief, ich kann sie nicht beruhigen.

Es braucht lange, bis sich die beiden wieder gefasst haben und ich sie entlassen kann. Ich empfehle ihnen dringend, die psychologische Hilfe der Opferberatung anzunehmen, um sich wieder zu stabilisieren. Eine nächste gynäkologische Kontrolle sollte an sich in einem halben Jahr erfolgen, aktuell kann das aber nicht geplant werden, Maria ist zu aufgewühlt.

Ich habe Maria seither nicht mehr gesehen, aber die Erinnerung an ihren psychischen Schmerz berührt mich noch heute. Da Maria eine intakte Familie um sich hat, die hinter ihr steht und sie stützt, bin ich überzeugt, dass sie sich wieder aufgerichtet hat und die Kraft haben wird, ihr Leben weiter zu leben.

Lebensbaum

Seiner Macht entkommen

Frau Meier kommt mit 37 Jahren zum ersten Mal zu mir in die gynäkologische Sprechstunde. Sie war noch nie bei einem Frauenarzt, hat sich noch nie gynäkologisch untersuchen lassen. Sie ist ledig, hat keinen Freund und arbeitet zu 100 % im Büro. Sie ist übergewichtig, über 100 Kilo schwer. In ihrem Auftreten wirkt sie unsicher, sie schämt sich für ihren Körper, was man an der Körperhaltung und Ausstrahlung spürt.

Nach einem kurzen Gespräch komme ich auf den Punkt zu sprechen: Warum war sie noch nie beim Frauenarzt? Und warum kommt sie jetzt zur Untersuchung? Da bricht der Damm und sie berichtet vom langjährigen sexuellen Missbrauch, den sie als Kind erlebt hat. Es war ihr Vater. Über Jahre hinweg hat er sie zu sexuellen Handlungen gezwungen, meist in seinem sogenannten Arbeitszimmer. Sie musste ihm etwas bringen und durfte das Zimmer nicht mehr verlassen, bis er zufrieden war. Irgendwann genügten ihm Berührungen nicht mehr, sie musste sich auf den Schreibtisch legen, in unterschiedlichen Positionen. Es tat ihr weh, sie kann sich aber nicht erinnern, ob es geblutet hat. Als sie übergewichtig wurde, beschimpfte er sie, machte sich über sie lustig, stellte sie bloß. Aber er ließ nicht von ihr ab. Mit 14 Jahren kam sie in ein Internat, dann war es vorbei mit der sexuellen Gewalt, aber die Scham, die Selbstablehnung blieben.

Sie brach den Kontakt zur Familie ab, bis ihr Vater vor einigen Jahren starb. Sie erhoffte sich dadurch eine Befreiung von ihren Ängsten, die jedoch nicht eintrat. Daraufhin begann sie mit einer Therapie und nahm wieder Kontakt mit der Mutter auf. Die Mutter, die alles wusste, hatte weggeschaut, ignoriert, verdrängt. Auch heute noch kann die Mutter nicht über diese Ereignisse sprechen, nicht zugeben, was sie ge-

Sonnenaufgang

wusst hat, nicht einmal sich entschuldigen bei der Tochter oder sagen, dass es ihr leid tut.

Heute steht Frau Meier mit beiden Füßen auf dem Boden. Sie kennt ihre Ängste, ihre Schwächen, sie weiß auch, was sie sich zumuten kann. Mit der Therapeutin hat sie diesen nächsten Schritt überlegt: eine gynäkologische Untersuchung, ein Schritt in Richtung Normalisierung.

Ich führe die Untersuchung durch, was für Frau Meier ganz problemlos abläuft. Die Information, dass körperlich alles in Ordnung und normal ist, erleichtert sie sehr. Sie ist auch sichtlich stolz, dass sie den Schritt endlich geschafft hat.

Wir besprechen die Bedeutung einer regelmäßigen gynäkologischen Kontrolle, auch in Anbetracht ihrer speziellen Risiken, und reden über das nächste Ziel, das sie sich gesetzt hat: die Gewichtsreduktion. Die Schritte dahin wird sie mit ihrer Hausärztin festlegen. Sie hofft, dass sie die Stärke hat, die Gewalt ihres Vaters, die immer noch nachwirkt, zu überwinden und ihr eigenes Leben selbstbestimmt zu führen. Ich wünsche ihr viel Mut dabei.

Theorie

Essstörungen

Es gibt eine breite Palette an Essstörungen wie Magersucht, Esssucht von Normal- und Übergewichtigen, Ess-Brech-Sucht und andere mehr. Der gemeinsame Nenner ist eine Körperschemastörung, eine verzerrte Wahrnehmung und Entwertung des eigenen Körpers. Nicht jede übergewichtige Person hat eine Körperschemastörung, umgekehrt kann eine schwere Essstörung bei einer normalgewichtigen Person vorliegen.

Meist entstehen Essstörungen in der Pubertät oder Adoleszenz, insbesondere bei Mädchen mit labilem Selbstwertgefühl und Körperakzeptanzproblemen. Dies trifft häufig bei Opfern von körperlicher, seelischer und sexueller Gewalt zu, aber nicht nur: Weder führt sexueller Missbrauch zwingend zu Essstörungen, noch wurden alle Patienten mit Essstörungen sexuell missbraucht! Dieser Kurzschluss ist zu einfach und wird der Vielschichtigkeit des Problems nicht gerecht.

Bei der komplexen und lebensgefährlichen Problematik von Magersüchtigen dreht sich viel um Kontrolle, Perfektionismus und Selbstbestimmung oder Macht. Mit der Nahrungsverweigerung verbindet sich meist ein Pseudotriumph über eigene Impulse und beim magersüchtigen Mädchen die unbewusste Abwehr, Frau zu werden.

aus dem Schatten

Der abgemagerte Körper ist sichtbar und wird vom Umfeld wahrgenommen; er ist ein anhaltender Vorwurf und Appell bei gleichzeitigem Kampf um Autonomie und Abgrenzung. Oft ist es ein langer Weg bis zur Krankheitseinsicht, die als Niederlage, als Verlust der angestrebten Kontrolle wahrgenommen wird, aber unbedingt notwendige Voraussetzung für eine Heilung darstellt.

Demgegenüber ist das ebenfalls vielschichtige Leiden der Esssüchtigen durch einen schambelasteten Kontrollverlust gekennzeichnet, der sich in Essanfällen bemerkbar macht. Die ständige Nahrungsaufnahme hilft auch, innere Spannungen abzubauen.

Gefolgt werden die Anfälle von tiefer Selbstentwertung und Hass gegen das Einverleibte, der bis zum Ekel gehen kann. Dieses zwanghafte „In-sich-Hineinstopfen" von Essen, um es anschließend wieder möglichst rasch aus dem Leib auszustoßen (Erbrechen, Abführmittel etc.), oft begleitet von gefühlsmäßigem Zerrissensein zwischen Befriedigungssucht und Ekel, lässt sowohl vom äußeren wie vom inneren Vorgang an eine schwere Beziehungsstörung (Annäherung- und Ablösungsschwierigkeiten) oder sexuelle Übergriffshandlung denken, als hätte sich die Beziehungs- respektive sexuelle Schiene auf die Essensschiene verschoben. Mit wirklichem Hunger haben diese Essstörungen wenig zu tun. Die Esssucht ist, anders als die sichtbare Magersucht, eine heimliche Krankheit, insbesondere bei den normal- oder nur leicht übergewichtigen Betroffenen. Esssüchtige versuchen ihr Leiden und ihr Äußeres zu verstecken, sie sprechen kaum über ihre Erkrankung und begeben sie sich oft erst sehr spät in eine Therapie. Sie sterben zwar selten direkt an der Esssucht, aber der Körper leidet und ihre Lebensfreude kann verhungern.

Gefangen im Körper

Marita meldet sich telefonisch zur gynäkologischen Untersuchung an. Im Wartezimmer sehe ich sie zum ersten Mal. Sie sitzt im Rollstuhl, kommt aber alleine und selbstständig zum Arzt. Marita ist 17-jährig, sie hat eine angeborene Fehlbildung des Gehirns, wie sie mir erklärt. Sie kann nur langsam sprechen, es braucht Zeit und Geduld, sie zu verstehen. Ihre Beine sind gelähmt, sie leidet unter einer Epilepsie und nimmt Medikamente. Sie lebt in einem Heim für körperbehinderte Jugendliche, denn sie braucht Hilfe im Alltag, beim Ankleiden und bei der Toilette.

Marita hat mit acht Jahren ihre Menstruation bekommen. Ihre Eltern und Betreuerinnen bemerkten nicht, dass sie sich viel zu früh entwickelte. Sie war mit der Blutung überfordert und hatte auch starke Schmerzen. Da sie nicht selbstständig zur Toilette gehen kann, ist sie auch auf Hilfe bei der Hygiene angewiesen. Somit gab es kaum einen Intimbereich für sie, obwohl sie sich das sehnlichst gewünscht hätte. Ihre Menstruationsblutung ist stark und unregelmäßig, sodass es immer wieder vorkam, dass sie mit blutigen Hosen im Schulzimmer saß, in einer gemischten Schulklasse, wofür sie sich sehr schämte. Leider hat man Marita aber mit diesem Problem alleingelassen, ein Beispiel für die vergessene Pubertät bei Mädchen mit Behinderung.

Mit dreizehn Jahren erlebte Marita bei einem Aufenthalt bei Verwandten einen sexuellen Übergriff. Sie wurde von einem Onkel auf den Boden gelegt, vergewaltigt und mit Schmerzen und blutend zurück ins Heim gebracht. Sie traute sich nicht, etwas zu sagen – wehren konnte sie sich sowieso nicht. Es ist die schändlichste Form der sexuellen Gewalt, an wehrlosen Opfern, die sich nicht einmal mitteilen können.

Theorie

Sexueller Missbrauch und Behinderung

Menschen mit geistiger, aber auch körperlicher Behinderung sind in vermehrtem Maß gefährdet, Opfer von sexueller Gewalt zu werden. Dies betrifft vor allem Mädchen und Frauen, aber auch Buben und Männer. Der sexuelle Missbrauch kann im familiären Umfeld, häufig aber auch in der professionellen Pflege, in Heimen oder in der Berufswelt stattfinden. Wie beim sexuellen Missbrauch an Kindern geht es wohl auch hier vor allem um ein Machtproblem, um Abhängigkeit und Ausgeliefertsein. Die Wehrlosigkeit des Opfers erhöht das Machtgefühl und die sexuelle Befriedigung des Täters.

In den letzten Jahren sind immer wieder Fälle von sexuellem Missbrauch in Institutionen bekannt geworden, sowohl in staatlichen, privaten als auch kirchlichen Einrichtungen. Dank dieser auch in die Öffentlichkeit getragenen Diskussion sind sich Heime und Pflegeeinrichtungen, Sportvereine und religiöse Institutionen zunehmend der großen Verantwortung in diesem sensiblen Bereich bewusst und kontrollieren ihre Mitarbeiter besser als früher. Vielen Eltern von behinderten Kindern bereitet es große Sorgen, ihren Schützling einem Heim zu überlassen, insbesondere, wenn das betroffene Kind auch auf die Pflege im Intimbereich angewiesen ist. Es ist wichtig, dass über solche Fragen gesprochen wird, um Bedenken auszuräumen und Vertrauen aufzubauen. Wesentlich ist, dass jedes Kind, jeder Mensch darin unterstützt wird, „Nein" sagen oder zeigen zu können, wenn die Grenze der körperlichen Nähe überschritten wird. Angehörige und Pflegende können lernen, auch kleine Signale eines schwer behinderten Menschen zu verstehen und damit das Gefühl für „Ja" oder „Nein", für „richtig" oder „falsch" zu deuten und zu übersetzen, wenn die sprachliche Verständigung nicht möglich ist. Immer wieder habe ich mit Erstaunen und Bewunderung festgestellt, wie Mütter und auch Väter ihre geistig und körperlich schwer behinderten Kinder verstehen und spüren können, wo Außenstehenden jeglicher Zugang fehlt. Wenn diese Art des Vertrauens gelingt und eine Kommunikation möglich wird, kann dadurch sexueller Missbrauch verhindert oder zumindest rasch aufgedeckt werden. Sexueller Missbrauch findet fast immer im Geheimen, im Versteckten statt. Brechen wir das Schweigen darüber, helfen wir den Opfern, in dem wir die dunklen Geheimnisse beleuchten und die Betroffenen ermutigen, über das Tabu zu sprechen.

Die Betreuerinnen von Marita nahmen nach ihrer Rückkehr an, es handle sich um Menstruationsblut. Erst nach drei Tagen erzählte sie ihrer Betreuungsperson vom Vorfall, worauf sie zu einem Frauenarzt

nichts gesehen – nichts geschehen

gebracht wurde. Aus Angst vor einer möglichen Schwangerschaft wurde ihr eine Kupferspirale eingelegt, denn diese verhindert eine Schwangerschaft auch noch nach mehreren Tagen.

Dieser erste Frauenarztbesuch war für Marita ein schreckliches Erlebnis, äußerst schmerzhaft und beschämend. Sie nahm sich vor, niemals mehr zu einem Frauenarzt zu gehen. Die Schmerzen bei der Periode und die Blutungsstärke nahmen aber in den folgenden Monaten wegen der Kupferspirale derart zu, dass sie noch einmal zum Frauenarzt gebracht wurde, um die Spirale zu entfernen. Marita benötigte ja kein Verhütungsmittel, sie war erst knapp 14-jährig.

Heute jedoch hat sie eine andere Lebenssituation. Sie ist 17-jährig, lebt in einem anderen Heim, in einer anderen Stadt, einem anderen Land. Sie ist eine mutige und selbstbewusste junge Frau geworden, die mit ihrem Handicap sehr gut umgehen kann.

Sie leidet immer noch an der starken und schmerzhaften Menstruationsblutung, daher hat sie sich entschlossen, sich zu trauen, noch einmal einen Frauenarzt aufzusuchen.

Nach dem Bericht ihrer Geschichte bin ich tief betroffen, auch von der negativen Rolle, die der Frauenarzt in ihrem jungen Leben gespielt hatte. Marita hätte so dringend umfassendere Hilfe gebraucht, eigentlich seit Beginn der Pubertätsentwicklung. Ich erkläre Marita, dass die Zeit aktuell nicht mehr ausreicht, sie zu untersuchen und alles zu besprechen, da es wichtig ist, die Untersuchung in aller Ruhe durchführen zu können, insbesondere bei Frauen im Rollstuhl.

Theorie

Die frauenärztliche Untersuchung von Frauen mit Handicap

Menschen mit Lähmungen oder anderen Formen der körperlichen Behinderung werden leider auch heute noch medizinisch weniger gut versorgt als gesunde Gleichaltrige. Das gilt insbesondere für Mädchen und Frauen im Rollstuhl, die oft gar nicht zur gynäkologischen Vorsorgeuntersuchung gebracht werden. Manchmal sind die ärztlichen Praxen nicht rollstuhlgängig oder der Untersuchungsstuhl ist nicht für Frauen mit Paraplegie geeignet. Auch bei Frauen mit zerebraler Parese und Spastik der Beinmuskulatur, mit Fehlbildungen des Beckens oder der unteren Extremitäten kann die Untersuchung rein technisch gesehen erschwert sein. Es gibt dafür aber spezielle Untersuchungsstühle mit gepolsterten Bein-

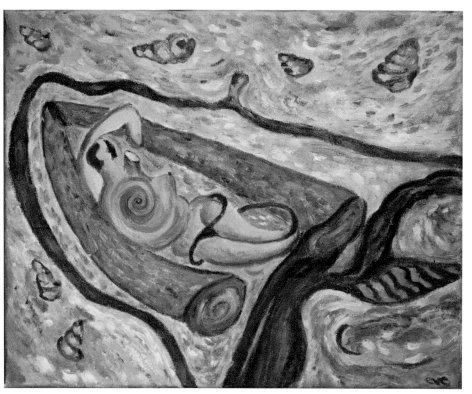

zerkörpert

stützen, auf denen die Beine sanft befestigt werden können. Gerade für Jugendliche mit Skelettfehlbildungen oder Lähmungen ist eine gute Vorsorgeuntersuchung und frauenärztliche Beratung besonders wichtig. Ebenso benötigen Frauen mit geistiger Einschränkung oder psychischen Erkrankungen eine besonders sorgfältige Beratung, auch in Bezug auf Pubertätsentwicklungsstörungen und Verhütung. Ein weiteres, wichtiges Gebiet, das auch mit den Angehörigen oder Betreuungspersonen besprochen werden sollte, ist die sexuelle Aufklärung und der Schutz vor sexueller Gewalt.

Bei einem nächsten Besuch konnte ich Marita untersuchen und mit ihr die verschiedenen Probleme angehen. Sowohl ihre Schmerzen als auch die Blutungsstärke nahmen unter einer geeigneten Behandlung ab und eine passende Form der Verhütung wurde gefunden, denn Marita verliebte sich in der Zwischenzeit und hat einen Partner. Das schlimme Erlebnis der sexuellen Gewalt hat sie nicht gebrochen. Sie sieht es jetzt als eines der vielen Hindernisse an, die sie überwinden musste, als einen Übergriff, der sie zwar schwer verletzte und schwächte, von dem sie sich aber nicht unterkriegen lässt. Sie ist eine starke Kämpferin, und könnte für viele ein Vorbild sein.

Verknüpfte Schicksale

Zwei Mädchen, verbunden durch einen Täter. Das Schicksal der einen befreit die andere, ohne dass sie sich je begegnet wären.

Eines Tages, morgens früh, wird ein Mädchen zur Untersuchung und Behandlung ins Spital gebracht. Ein Passant hat an einem belebten Platz in einer Stadt das am Boden liegende Mädchen entdeckt und die Polizei informiert.

Es war Marisa. Sie stand unter Schock und konnte zuerst keine Auskunft geben. Erst im Laufe der nächsten Stunden konnte sie ihren Namen nennen, und langsam wurden die Ereignisse stückweise aufgeklärt: Marisa war am Vorabend auf einer Party gewesen. Auf dem Heimweg wurde sie in ein Auto gezerrt, vergewaltigt und irgendwo hinausgeworfen, wie ein Stück Dreck am Straßenrand liegengelassen.

So wurde sie aufgefunden, mit Schürfungen, zerrissenen Kleidern, blutend, vergewaltigt. Sie stand unter Schock, konnte nicht reden, konnte sich an nichts erinnern. Dennoch musste sie rasch untersucht werden, auch, um mögliche Spuren zu sichern. Aufgrund der Verletzungen und des gesamten Zustandes wurde dies in einer kurzen Narkose durchgeführt. So konnten alle notwendigen Abstriche genommen und die Wunden versorgt werden. Am Körper und an den Kleidern wurde Spuren gefunden, sichergestellt und der Gerichtsmedizin übergeben.

In einer solchen Situation ist es notwendig, möglichen Infektionen mit der Postexpositionsprophylaxe vorzubeugen und das Mädchen vor einer möglichen Schwangerschaft zu schützen.

kleine Schwester

Theorie

Die „Pille danach"

Die Folgen sexueller Gewalt sind nicht nur körperliche und seelische Schmerzen, schwerwiegende psychische Auswirkungen und das Risiko von infektiösen Erkrankungen, es kann auch eine ungewollte Schwangerschaft entstehen, die das Opfer zusätzlich in große Not bringen kann. Die meisten jungen Frauen, die nach einer Vergewaltigung um ärztliche Hilfe ersuchen, wünschen eine Notfallverhütung. Es ist wichtig, zu wissen, dass die „Pille danach" keinen Schwangerschaftsabbruch bedeutet. Die Schwangerschaft wird vor ihrer Entstehung verhindert, indem der Eisprung unterdrückt bzw. die Einnistung verhindert wird. Falls der Eisprung bereits stattgefunden hat und es zu einer Befruchtung gekommen ist, hat die „Pille danach" keine Wirkung mehr, die Einnistung kann dann noch mit einer Kupferspirale verhindert werden. Es gibt heute drei Möglichkeiten der Notfall-Schwangerschaftsverhütung: zwei verschiedene Formen der „Pille danach" und das Einsetzen einer Kupferspirale.

Levonorgestrel-Pille (NorLevo®)
Diese seit Längerem bekannte „Pille danach" besteht aus reinem Gelbkörperhormon (Progesteron only), sie wird einmalig eingenommen und wirkt bis zu drei Tagen nach dem Ereignis.

Ulipristalacetat (ellaOne®)
Diese seit 2015 in der Schweiz zugelassene „Pille danach" ist ein Progesteronrezeptor-Modulator, also keine Hormonpille. Sie verhindert den Eisprung zuverlässig und schützt vor ungewollter Schwangerschaft bis fünf Tage nach dem Ereignis. Sie ist gut verträglich und sicherer als die Levonorgestrel-Pille, aber auch teurer.

„Spirale danach"
Eine seltener gewählte Alternative stellt die „Spirale danach" dar. Die Kupferspirale kann bis zu fünf Tage nach dem Ereignis eingelegt werden und verhindert sehr zuverlässig die Entstehung einer Schwangerschaft. Dies ist eine geeignete Methode für Frauen, die sich eine längerdauernde sichere Verhütung wünschen, denn die Spirale kann bis fünf Jahre belassen werden. Vor der Einlage müssen aber Vor- und Nachteile genau besprochen werden, wofür in der Notfallsituation meist keine Zeit und Ruhe bleibt. Auch das Risiko von Infektionskrankheiten und die Schmerzen bei der Einlage müssen besprochen und allenfalls medikamentös verhindert werden.

Nach einigen Tagen erholte Marisa sich langsam, die Wunden heilten, und sie konnte sich stückweise zurückerinnern. In diesen Tagen lernte ich sie bei der Verlaufskontrolle kennen. Dank der Zusammenarbeit mit der Polizei und der Spurensicherung konnten die Abläufe rekonstruiert werden, und der Täter wurde gefasst. Es war ein Familienvater. Doch wie kann es sein, dass ein Familienvater plötzlich eine derartige Tat begeht? Hat er sich schon früher auffällig verhalten? Seine Frau, selber in Erwartung, wusste von nichts. Aber seine Stieftochter Celine war überhaupt nicht überrascht, als er verhaftet wurde. Im Gegenteil, nun traute sie sich endlich, der Mutter zu gestehen, dass der Stiefvater sie seit Jahren sexuell missbrauchte. Die Mutter glaubte ihr aber nicht und beschimpfte sie als Lügnerin. Darauf erzählte Celine ihrer besten Freundin und deren Mutter von den Vorkommnissen. Diese ermutigten Celine, sich bei der Polizei zu melden, was sie dann auch tat. Die Polizei schickte Celine zur Untersuchung zu mir, sodass ich wenige Tage nach dem ersten Opfer Marisa auch das zweite Opfer desselben Mannes, Celine, kennenlernte.

Celine ist eine auffallend hübsche, selbstbewusste 13-Jährige, früh entwickelt, ein kluges Mädchen. Deutlich sind die Spannungen zwischen ihr und der schwangeren Mutter zu spüren. Nach der Verhaftung ihres Mannes und Gesprächen mit der Polizei hat die Mutter jedoch realisiert, dass ihre Tochter die Wahrheit gesagt hatte, und verstand erstmals, was dem Mädchen in ihrem eigenen Haus von ihrem eigenen Mann angetan worden war. Jetzt steht sie zu ihrer Tochter und versucht, sie zu unterstützen und zu begleiten, so gut es ihr möglich ist. Das Gespräch mit Celine und die Untersuchungen finden aber immer ohne Beisein der Mutter statt, zu sehr ist diese von den schrecklichen Ereignissen betroffen.

Celine wurde über mehrere Jahre, seit der neue Partner der Mutter zur Familie gezogen war, von ihm sexuell missbraucht. Immer wieder kam er nachts in ihr Bett. Er zwang sie, ihn zu berühren, er zwang sie zu oralem und analem Sex. Und er drohte, sie umzubringen, wenn sie der Mutter etwas sagen würde. Sie versuchte, die Zimmertür abzusperren, doch unter dem Vorwand, sich um das Mädchen zu sorgen, nahm er den Schlüssel weg. Abends, wenn sie die Schritte hörte, verkroch sie sich in den letzten Winkel und hoffte inständig, dass es diesmal nicht geschehen würde oder dass es jetzt das letzte Mal wäre.

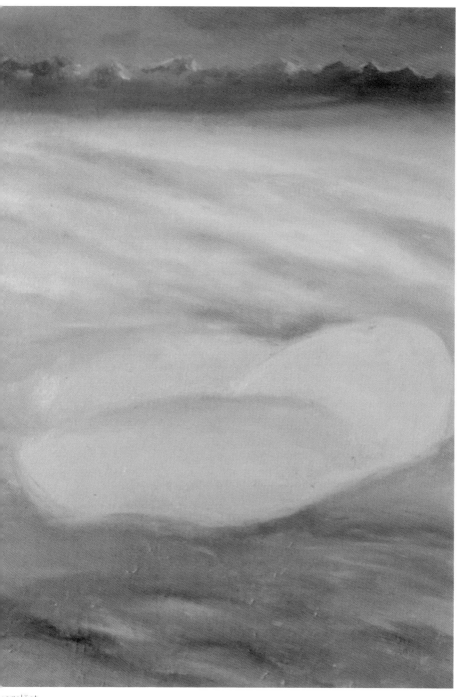

Erst als er verhaftet wurde, hatte sie den Mut, zu sprechen. Die Macht war gebrochen, die Angst gebannt. Sogar gegen den Willen der Mutter stand sie auf und ging zur Polizei. Ein starkes Mädchen. Es war sehr beeindruckend, mit Celine zu sprechen. Sie wusste aus den Medien, dass das andere Mädchen von ihrem Stiefvater vergewaltigt worden war. Und sie hatte Schuldgefühle. Sie fühlte sich schuldig, dass sie nicht früher den Mut gehabt hatte, zur Polizei zu gehen. Sie dachte, sie hätte das Leid des anderen Mädchens vielleicht verhindern können. Dabei hätte sie wohl kaum eine Chance gehabt, dass man ihr geglaubt hätte, da nicht einmal die eigene Mutter ihr glaubte. So hat das schreckliche Schicksal von Marisa indirekt Celine vor weiterer Gewalt bewahrt.

Celines Mutter konnte sich nicht vorstellen, dass ihr Partner Celine etwas antun würde; er war doch immer so nett. Die Tochter war pubertär, frech, mit 13 Jahren schon sehr frühentwickelt. Es gab täglich Streit in der Familie. Die Mutter dachte, dass das Mädchen diese Vorwürfe erfand, um sich gegen den neuen Vater zu wehren. Doch nun wurde die Mutter von der Polizei verhört und musste erfahren, dass ihr Partner tatsächlich ihre eigene Tochter über Jahre sexuell missbraucht hatte und jetzt noch ein anderes Mädchen vergewaltigt und schwer misshandelt hatte. Für sie brach eine Welt zusammen. Aber sie konnte eine neue Beziehung zur Tochter aufbauen, sie stellte sich nun voll und ganz hinter ihr Mädchen und begleitete sie auf dem Weg aus der erlebten Gewalt. Mutter und Tochter erhielten Hilfe von der Opferberatung, und Celine konnte sich gut entwickeln.

Auch Marisa machte ihre Schritte, zurück in ein Leben, das sich aber grundlegend geändert hatte. Sie erholte sich körperlich und erhielt psychologische Unterstützung. Gemeinsam mit den Eltern wurde eine geeignete Wohnsituation gefunden und die schulische Entwicklung begleitet. Als ich Marisa nach einem halben Jahr wiedersah, staunte ich über die gepflegte Jugendliche, die mir entgegenkam und stolz über den Schulabschluss und die gefundene Lehrstelle berichtete. Sie ging weiterhin in die ambulante kinderpsychologische Beratung, was ihr Halt und Sicherheit gab. So konnte sie ihre Schritte machen und ihre eigene Zukunft in den Mittelpunkt stellen.

Kurzbiografien

Die Autorin Ruth Draths
Ruth Draths ist Frauenärztin mit dem Spezialgebiet Kinder- und Jugendgynäkologie. Über zwanzig Jahre arbeitete sie am Kantonsspital Luzern und leitete die Kinder- und Jugendgynäkologie sowie den gynäkologischen Kinderschutz am Kinderspital und der Frauenklinik Luzern. Seit 2015 arbeitet sie in einer eigenen gynäkologischen Praxis. Neben der praktischen ärztlichen Tätigkeit ist sie langjähriges Vorstandsmitglied der Schweizerischen Gesellschaft für Kinder- und Jugendgynäkologie und 2016 zur Präsidentin gewählt worden. Sie engagiert sich seit Jahren für die Ausbildung junger Ärztinnen und Ärzte in diesem Bereich, hält Vorträge im deutschsprachigen In- und Ausland und publiziert in Fachzeitschriften.

Vor zwölf Jahren hat sie das Jugendpräventionsprojekt firstlove (www.firstlove.ch) gegründet und aufgebaut. Es wurde 2011 in den gemeinnützigen Verein firstlove überführt, den sie präsidiert.

2012 ist ihr erstes Buch erschienen: „Vergessene Pubertät – Sexualität und Verhütung bei Jugendlichen mit chronischen Erkrankungen und Behinderungen" (Verlag Hans Huber). Sie ist verheiratet und Mutter von zwei Töchtern im Teenageralter.

Die Künstlerin Eve Stockhammer
Eve Stockhammer, 1963 in Zürich geboren, lebt heute mit ihren beiden Kindern in Bern. Neben Studien der Medizin, Chronobiologie und Psychoanalyse bildete sie sich autodidaktisch im Zeichnen und Malen aus. Sie arbeitet seit 14 Jahren in eigener Praxis als Psychotherapeutin, zuerst in Lausanne, seit 2010 in Bern. Neben Porträtmalerei greift sie mit ihren Bildern gesellschaftlich-historische und psycholo-

gische Themen auf. Eine Wanderausstellung „Schattenbilder", die Wege des Gedenkens an die Schoa aus Sicht der Nachgeborenen aufzeigt, wird seit 2015 an unterschiedlichen Orten gezeigt und soll 2017 in Buchform im clandestin Kunstbuchverlag erscheinen.

Sachregister

A
Adipositas 23
Aids 66
Anorexie 23, 79
Anzeigen 40, 68
Arztgeheimnis 17, 68

B
Behinderungen 84, 86
Beratungsstellen 40
Bindungsunfähigkeit 39

C
Chlamydieninfektion 65

D
Dissoziation 32, 57
Dokumentation 69, 73

E
Essstörung 23, 79

F
Fotodokumentation 69, 73
Frauenärztliche Untersuchung 24, 86

G
Gelbsucht 66
Gerichtsmedizin 73
Gesetze 40, 41, 68
Gonorrhoe 65
Gynäkologische Untersuchung 24, 86

H
Handicaps 84, 86
Hepaititis B 66
Hepatitis C 67
Hilfsangebote (Opferberatung) 40
HIV 66
Hymen 52

I
Impfungen 66
Infektionskrankheiten 65
Institutionen 84

J
Jungfernhäutchen 52

K
Kindergynäkologische Untersuchung 24
Kinderprostitution 19
Kinderschutzgruppe 17, 39, 53, 67
Kontrollverlust 57, 79
Körperbehinderung 84, 86
Körperschemastörung 79
Kriminalpolizei 71
Kulturelle Unterschiede 49
Kupferspirale 86, 91

L
Levonorgestrel-Pille 91
Lues 66

M

Magersucht 23, 79
Meldepflicht 17

N

Nahrungsverweigerung 23, 79
Narkose 27, 46

O

Opferberatung 39, 40
Opferhilfe 40

P

PEP 66
Pille danach 91
Polizei 68, 71
Postexpositionsprophylaxe (PEP) 66
Promiskuität 39
Prophylaxen 66
Prostitution 19, 39
Psychotherapie 39

R

Retraumatisierung 46
Ritzen 57

S

Scheidungssituationen 68
Schuldgefühle 23, 27, 94
Schutzreaktionen 32, 57
Schwangerschaften (ungewollte) 91
Schweigepflicht 17, 68
Selbstverletzungen 57
Sexualstörungen 39
Sexualverhalten 39, 49, 53
Sexuell übertragbare Infektionen
  (STI) 65
Sperma (zur Spurensicherung) 73
Spirale (Kupfer-) 86, 91
Spurensicherung 26, 41, 71
Staatsanwaltschaft 68, 71
STI 65
Strafanzeigen 40, 68
Suchtverhalten 23, 58, 79
Syphilis 66

T

Täterschutz 67
Tripper 65

U

Übergewicht 23, 79
Ulipristalacetat 91
Untersuchung (gynäkologische) 24, 86

Sponsoren, Gönner und Unterstützer
von „Fragmente eines Tabus":

Verein firstlove: www.firstlove.ch
Stiftung LUNA
Migros Kulturprozent
Stiftung Sonneschiin
Bayer (Schweiz) AG
MSD Merck Sharp & Dohme AG
Bättig Treuhand AG

Jugend mit Behinderung oder chronischer Krankheit

Ruth Draths

Vergessene Pubertät

Sexualität und Verhütung bei Jugendlichen mit einer chronischen Krankheit oder Behinderung

2012. 154 S., 32 farbige Abb., 8 farbige Tab., Kt
€ 16,95 / CHF 24.50
ISBN 978-3-456-85123-5
Auch als eBook erhältlich

Acht Jugendliche, acht unterschiedliche Lebensgeschichten, acht unterschiedliche Erkrankungen. Bei Jugendlichen mit einer Behinderung oder chronischen Krankheit wie Spina bifida, Zystischer Fibrose oder Krebserkrankungen wird die Pubertät durch die medizinischen Probleme oft in den Hintergrund gedrängt. Aber Aischa, Selin und Max sind in der Pubertät, und sie haben dieselben Wünsche und Bedürfnisse wie alle anderen Jugendlichen auch. Sie benötigen eine speziell fundierte Beratung.
Die erfahrene Frauenärztin öffnet den Blick in diese besonderen Entwicklungsprobleme. Vom ersten Gespräch über die körperliche Untersuchung bis zur persönlichen Beratung über intime Fragen von Sexualität, Fruchtbarkeit und Verhütung wird der Leser in die jugendgynäkologische Sprechstunde mitgenommen. Anliegen des Buches ist es, Jugendliche und auch ihre Eltern und Betreuungspersonen früh und ausführlich zu informieren. Alles wird für Jugendliche gut verständlich erklärt, medizinische Hintergrundinformationen sind besonders hervorgehoben – so dass auch Fachleute in der Beratung von Jugendlichen mit speziellen Bedürfnissen profitieren können.
Mit dem Kauf dieses Buches unterstützen Sie firstlove – ein Präventionsprojekt für Jugendliche.

www.hogrefe.com